일 본 어 능 력 시 험

딱!
한 권

JLPT
N3 문자·어휘

저자 JLPT연구모임

일 본 어 능 력 시 험

JLPT
N3 문자·어휘

초판인쇄	2021년 6월 2일
초판발행	2021년 6월 12일

저자	JLPT연구모임
책임 편집	조은형, 무라야마 토시오, 박현숙, 손영은, 김성은
펴낸이	엄태상
해설진	한고운, 김수빈
디자인	권진희
조판	이서영
콘텐츠 제작	김선웅, 김현이
마케팅	이승욱, 전한나, 왕성석, 노원준, 조인선, 조성민
경영기획	마정인, 조성근, 최성훈, 정다운, 김다미, 오희연
물류	정종진, 윤덕현, 양희은, 신승진

펴낸곳	시사일본어사(시사북스)
주소	서울시 종로구 자하문로 300 시사빌딩
주문 및 교재 문의	1588-1582
팩스	0502-989-9592
홈페이지	www.sisabooks.com
이메일	book_japanese@sisadream.com
등록일자	1977년 12월 24일
등록번호	제 300-1977-31호

ISBN 978-89-402-9321-8 (13730)

머리말

일본어능력시험은 N4와 N5에서는 주로 교실 내에서 배우는 기본적인 일본어를 어느 정도 이해할 수 있는 레벨인가를 측정하며, N1과 N2에서는 폭넓은 분야에서 일본어를 어느 정도 이해할 수 있는지, N3는 N1, N2와 N4, N5의 가교 역할을 하며 일상적인 장면에서 사용되는 일본어의 이해를 측정합니다. 일본어능력시험 레벨 인정의 목표는 '읽기', '듣기'와 같은 언어행동의 표현입니다. 언어행동을 표현하기 위해서는 문자·어휘·문법 등의 언어지식도 필요합니다. 즉, 어휘나 한자, 문법 항목의 무조건적인 암기가 아니라, 어휘나 한자, 문법 항목을 커뮤니케이션 수단으로서 실제로 활용할 수 있는가를 측정하는 것이 목표입니다.

본 교재는 新일본어능력시험 개정안에 따라 2010년부터 최근까지 새롭게 출제된 기출문제를 철저히 분석하여, 일본어 능력시험 초심자를 위한 상세한 설명과 다량의 확인문제를 수록하고, 중·고급 학습자들을 위해 난이도 있는 실전문제를 다루었습니다. 또한 혼자서도 충분히 합격할 수 있도록, 상세한 해설을 첨부하였습니다. 시중에 일본어능력시험 수험서는 많이 있지만, 학습자들이 원하는 부분을 콕 집어 효율적인 학습을 할 수 있는 교재는 그다지 많지 않습니다.

이러한 점을 고려하여 본 JLPT연구모임에서는 수년간의 분석을 통해 적중률과 난이도를 연구하여, 일본어능력시험을 준비하는 학습자가 이 책 한 권이면 충분하다고 느낄 정도의 내용과 문제를 실었습니다. 한 문제 한 문제 꼼꼼하게 풀어 보시고, 일본어능력시험에 꼭 합격하시기를 진심으로 기원합니다.

JLPT연구모임

① 교시   언어지식(문자·어휘·문법)/독해

문자·어휘

출제 빈도순 어휘 ➡ 기출어휘 ➡ 확인문제 ➡ 실전문제

問題 1 한자읽기, 問題 2 문맥규정, 問題 3 유의표현, 問題 4 용법 등 문제 유형별 출제 빈도순으로 1순위부터 3순위까지 정리하여 어휘를 제시한다. 가장 많이 출제되고 있는 する동사부터 명사, 동사, 형용사, 부사순으로 어휘를 학습한 후, 확인문제를 풀어 보면서 확인하고, 확인문제를 학습 후에는 실전문제를 풀면서 총정리를 한다. 각 유형별로 제시한 어휘에는 최근 출제되었던 단어를 표기해 놓았다.

문법

기초문법 ➡ 필수문법 ➡ 필수경어 ➡ 확인문제 ➡ 실전문제

N3 필수 문법과 경어를 학습하고 확인 문제를 차근차근 풀며 체크할 수 있도록 다량의 문제를 실어 놓았으며, 처음 시작하는 초보자를 위해 시험에 자주 등장하는 기초문법을 수록해 놓았다. 확인문제까지 학습한 뒤에는 난이도 있는 실전문제를 풀며 실전에 대비할 수 있도록 했다.

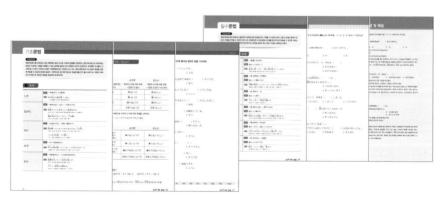

독해

독해의 비결 ➡ 영역별 확인문제 ➡ 실전문제

이제 더 이상 문자·어휘·문법에만 집중해서는 안 된다. 과목별 과락이라는 제도가 생기면서, 독해와 청해의 비중이 높아졌기 때문에 모든 영역을 균형있게 학습해야 한다. 본 교재에서는 독해의 비결을 통해, 글을 분석할 수 있는 노하우를 담았다. 문제만 많이 푼다고 해서 점수가 잘 나오는 것이 아니므로, 원리를 잘 파악해 보자.

2 교시 청해

청해의 비결 ➡ 영역별 확인문제 ➡ 실전문제

독해와 함께 청해의 비중이 높아졌으며, 커뮤니케이션이 중시되었기 때문에 단어 하나하나의 의미를 꼼꼼히 듣는 방법보다는 상담·준비·설명·소개·코멘트·의뢰·허가 등 어떤 주제로 회화가 이루어지는지, 또한 칭찬·격려·질책·변명·걱정 등 어떤 장면인지 잘 파악해야 한다.

● 실전모의테스트 3회분 (영역별 2회분 + 온라인 종합 1회분)

질로 승부한다!

JLPT연구모임에서는 몇 년 동안 완벽한 분석을 통해 적중률과 난이도를 조정하여, 실전모의테스트를 제작하였다. 혼자서도 공부할 수 있도록 자세한 해설을 수록해 놓았다.

● 무료 동영상 해설 강의

1타 강사들의 명쾌한 실전모의테스트 해설 특강!!

언제 어디서나 꼼꼼하게 능력시험을 대비할 수 있도록 동영상 강의를 제작하였다. 질 좋은 문제와 명쾌한 해설로 실전에 대비하길 바란다.

차례

① 시험과목과 시험시간

레벨	시험과목 (시험시간)		
N1	언어지식 (문자 · 어휘 · 문법) · 독해 (110분)		청해 (60분)
N2	언어지식 (문자 · 어휘 · 문법) · 독해 (105분)		청해 (50분)
N3	언어지식 (문자 · 어휘) (30분)	언어지식 (문법) · 독해 (70분)	청해 (45분)
N4	언어지식 (문자 · 어휘) (25분)	언어지식 (문법) · 독해 (55분)	청해 (40분)
N5	언어지식 (문자 · 어휘) (20분)	언어지식 (문법) · 독해 (40분)	청해 (35분)

② 시험점수

레벨	배점구분	득점범위
N1	언어지식(문자 · 어휘 · 문법)	0~60
	독해	0~60
	청해	0~60
	종합배점	0~180
N2	언어지식(문자 · 어휘 · 문법)	0~60
	독해	0~60
	청해	0~60
	종합배점	0~180
N3	언어지식(문자 · 어휘 · 문법)	0~60
	독해	0~60
	청해	0~60
	종합배점	0~180
N4	언어지식(문자 · 어휘 · 문법) · 독해	0~120
	청해	0~60
	종합배점	0~180
N5	언어지식(문자 · 어휘 · 문법) · 독해	0~120
	청해	0~60
	종합배점	0~180

③ 합격점과 합격 기준점

레벨별 합격점은 N1 100점, N2 90점, N3 95점이며, 과목별 합격 기준점은 각 19점입니다.

④ 문제유형

Ⅰ. 언어지식(문자·어휘·문법) Ⅱ. 독해 Ⅲ. 청해

시험과목		큰 문제	예상 문항 수	문제 내용	적정 예상 풀이 시간	파트별 소요 예상 시간	대책
언어 지식 (30분)	문 자· 어 휘	문제 1	8	한자 읽기 문제	3분	문자·어휘 20분	문자·어휘 파트의 시험시간은 30분으로 문제 푸는 시간을 20분 정도로 생각하면 시간은 충분하다. 나머지 10분 동안 마킹과 점검을 하면 된다.
		문제 2	6	한자 표기 문제	3분		
		문제 3	11	문맥에 맞는 적절한 어휘 고르는 문제	6분		
		문제 4	5	주어진 어휘와 비슷한 의미의 어휘를 찾는 문제	3분		
		문제 5	5	제시된 어휘의 의미가 올바르게 쓰였는지를 묻는 문제	5분		
언어 지식 (문법) · 독해 (70분)	문 법	문제 1	13	문장의 내용에 맞는 문형표현 즉 기능어를 찾아서 넣는 문제	6분	문법 18분	총 70분 중에서 문제 푸는 시간 56분, 나머지 14분 동안 마킹과 마지막 점검을 하면 된다. 문법 파트에서 새로운 유형의 문제는 예제를 확실하게 이해하고 문제풀이를 하면 새로운 문제에 바로 적응할 수 있을 것이다. 독해문도 마찬가지다. 새로운 유형의 정보 검색 등은 내용 속에 답이 있으므로 차분히 찾기만 하면 된다.
		문제 2	5	나열된 단어를 의미에 맞게 조합하는 문제	5분		
		문제 3	5	글의 흐름에 맞는 문법 찾아 내기 문제	7분		
	독 해	문제 4	4	단문(150~200자 정도) 이해	10분	독해 38분	
		문제 5	6	중문(350자 정도) 이해	10분		
		문제 6	4	장문(550자 정도) 이해	10분		
		문제 7	2	600자 정도의 글을 읽고 필요한 정보 찾기	8분		
청해 (45분)		문제 1	6	과제 해결에 필요한 정보를 듣고 나서 무엇을 해야 하는지 찾아내기	약 9분 (한 문항당 약 1분 30초)		총 45분 중에서 문제 푸는 시간은 대략 35분 10초 정도가 될 것으로 예상한다. 나머지 시간은 질문 읽는 시간과 문제 설명이 될 것으로 예상한다. 전체적으로 난이도가 그다지 어렵지 않을 것으로 예상한다.
		문제 2	6	대화나 혼자 말하는 내용을 듣고 포인트 파악하기	약 11분 30초 (한 문항당 약 1분 55초)		
		문제 3	3	내용 전체를 듣고 화자의 의도나 주장을 이해하기	약 4분 30초 (한 문항당 약 1분 30초)		
		문제 4	4	그림을 보면서 상황 설명을 듣고 화살표가 가리키는 인물의 대답 찾기	약 2분 40초 (한 문항당 약 40초)		
		문제 5	9	짧은 문장을 듣고 그에 맞는 적절한 응답 찾기	약 4분 30초 (한 문항당 약 30초)		

〈활용형과 품사의 기호〉

활용형과 품사의 기호	예
명사	雪
동사 사전형	持つ・見る・する・来る
동사 ます형	持ちます・見ます・します・来ます
동사 ない형	持たない・見ない・しない・来ない
동사 て형	持って・見て・して・来て
동사 た형	持った・見た・した・来た
동사 의지형	持とう・見よう・しよう・来よう
동사 가정형	持てば・見れば・すれば・来れば
동사 명령형	持て・見ろ・しろ・来い
イ형용사 사전형	暑い
イ형용사 어간	暑い
イ형용사 て형	暑くて
ナ형용사 사전형	丈夫だ
ナ형용사 어간	丈夫だ
ナ형용사 て형	丈夫で
する동사의 명사형	散歩・運動・料理 등 [する]를 뒤에 붙일 수 있는 명사

〈접속방법 표시 예〉

[보통형]

동사	聞く	聞かない	聞いた	聞かなかった
イ형용사	暑い	暑くない	暑かった	暑くなかった
ナ형용사	上手だ	上手ではない	上手だった	上手ではなかった
명사	学生だ	学生ではない	学生だった	学生ではなかった

[명사수식형]

동사	聞く	聞かない	聞いた	聞かなかった
イ형용사	暑い	暑くない	暑かった	暑くなかった
ナ형용사	上手な	上手ではない	上手だった	上手ではなかった
명사	学生の	学生ではない	学生だった	学生ではなかった

JLPT

N3

文字・語彙

問題 1 ▶ 한자읽기

◖ 문제유형 **한자읽기(8문항)**

한자어의 읽는 법을 찾는 문제로 선택지에서 히라가나 표기 중 맞는 깃을 고르면 된다.

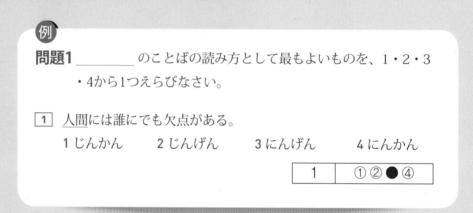

例

問題1 ＿＿＿＿＿＿のことばの読み方として最もよいものを、1・2・3
・4から1つえらびなさい。

1 人間には誰にでも欠点がある。
　　　1 じんかん　　　2 じんげん　　　3 にんげん　　　4 にんかん

| 1 | ①②●④ |

◖ 포인트

N3에서는 추상도가 낮고 일상생활에서 많이 볼 수 있는 한자가 출제되는데, 〈問題1〉에서
는 음독, 훈독 한자가 반반씩 나올 것으로 예상된다. 음독한자의 경우, **탁음이 있는지 없
는지, 장음인지 단음인지, 촉음이 있는지 없는지** 각별히 주의하도록 하자.
훈독한자는 동사에서 2문항, 명사와 형용사에서 1문항씩 출제될 것으로 예상된다.

◖ 학습요령

음독과 훈독은 〈問題1〉에 나오는 한자 8개 중 6개는 동사와 명사가 될 가능성이 높다.
그러므로 음독한자는 명사를, 훈독한자는 동사를 중심으로 공부하도록 하자.

問題2 ▶ 표기

문제유형 표기(6문항)

히라가나로 쓰인 단어를 한자로 올바르게 표기한 것을 찾는 문제이다.

例

問題2 _____ のことばを漢字で書くとき、最もよいものを1・2・3・4から1つえらびなさい。

9 最近ずいぶんあつくなりましたね。

1 厚く   2 暑く   3 熱く   4 温い

| 9 | ① ● ③ ④ |

포인트

〈問題2〉에서도 음독한자와 훈독한자는 반반씩 나올 것으로 예상되며, 음독한자는 명사, 훈독한자는 동사 중심의 출제가 예상된다.

한자 표기를 묻는 문제인 만큼 한자의 글자꼴에 관한 문제가 나오기도 하지만, 최근 경향에서는 해당 한자가 지니는 뜻에 중점을 둔 문제가 많이 출제되고 있다.

학습요령

문자・어휘파트 문제풀이는 30분으로 시간은 충분하지만, 〈問題1, 2 한자 문제〉의 배점은 그다지 크지 않으므로 애매한 문제는 일단 넘어가도록 하자.

학습포인트

〈問題1 한자읽기 · 問題2 표기〉에서 반드시 출제되는 품사는 음독명사, 동작성 명사, 훈독명사, 동사, 형용사이다. 본 교재에서는 출제 빈도를 분석하여, 출제 빈도가 높으면서도 기초부터 튼튼하게 다질 수 있도록 출제예상 1순위로 1글자 한자와 음독명사, 2순위로 닮은꼴 한자, 3순위로 동사, 훈독명사 순으로 제시한다.

1자 한자

※어휘 옆 숫자는 기출 연도입니다.

□ 汗 (あせ) 땀 (12年)	□ 油 (あぶら) 기름	□ 泡 (あわ) 거품 (10年)
□ 案 (あん) 안, 의견, 예상 (14年)	□ 胃 (い) 위(위장)	□ 息 (いき) 숨 (10年)
□ 池 (いけ) 연못	□ 泉 (いずみ) 샘, 샘물	□ 命 (いのち) 목숨
□ 岩 (いわ) 바위 (10年)	□ 噂 (うわさ) 소문 (14, 16年)	□ 枝 (えだ) 가지
□ 夫 (おっと) 남편	□ 表 (おもて) 표면, 겉	□ (お)祈り (いの) 기도
□ (お)祝い (いわ) 축하, 축하 선물 (14年)	□ (お)互い (たが) 서로, 상호 간	□ (お)礼 (れい) 사례, 사례 인사(선물) (19年)
□ (お)湯 (ゆ) 뜨거운 물	□ 香り (かお) 향기 (15年)	□ 数 (かず) 수
□ 肩 (かた) 어깨	□ 形 (かたち) 형태, 모양	□ 角 (かど) 모퉁이
□ 神 (かみ) 신	□ 空 (から) (속이) 빔 (16年)	□ 柄 (がら) 무늬
□ 体 (からだ) 몸	□ 皮 (かわ) 가죽, 껍질	□ 缶 (かん) 깡통
□ 感じ (かん) 느낌, 기분 (10年)	□ 岸 (きし) 물가	□ 傷 (きず) 상처 (16年)
□ 霧 (きり) 안개	□ 差 (さ) 차이 (12年)	□ 草 (くさ) 풀
□ 癖 (くせ) 버릇 (14年)	□ 薬 (くすり) 약	□ 首 (くび) 목, 해고 (15年)
□ 雲 (くも) 구름	□ 煙 (けむり) 연기	□ 券 (けん) ~권, 표, 티켓 (11年)
□ 件 (けん) 건, 사항 (10年)	□ 声 (こえ) (목)소리	□ 氷 (こおり) 얼음
□ 心 (こころ) 마음	□ 腰 (こし) 허리 (19年)	□ 粉 (こな) 가루, 분말
□ 米 (こめ) 쌀	□ 塩 (しお) 소금 (18年)	□ 島 (しま) 섬 (12, 19年)
□ 幸せ (しあわ) 행복	□ 席 (せき) 자리, 좌석 (13年)	□ 空 (そら) 하늘 (12年)
□ 縦 (たて) 세로	□ 谷 (たに) 골짜기	□ 旅 (たび) 여행
□ 卵 (たまご) 달걀	□ 血 (ち) 피	□ 机 (つくえ) 책상

14

☐ 土 ^{つち} 땅, 흙	☐ 包み ^{つつ} 보따리, 포장	☐ 妻 ^{つま} 아내
☐ 寺 ^{てら} 절	☐ 生 ^{なま} 생, 날것	☐ 波 ^{なみ} 파도, 물결 (16年)
☐ 涙 ^{なみだ} 눈물 (11年)	☐ 庭 ^{にわ} 정원, 마당	☐ 根 ^ね 뿌리 (13年)
☐ 葉 ^は 잎 (17年)	☐ 歯 ^は 치아 (12年)	☐ 箱 ^{はこ} 상자
☐ 倍 ^{ばい} 배(곱절) (13年)	☐ 柱 ^{はしら} 기둥	☐ 幅 ^{はば} 폭, 너비
☐ 腹 ^{はら} 배(복부)	☐ 針 ^{はり} 바늘	☐ 光 ^{ひかり} 빛
☐ 額 ^{ひたい} 이마	☐ 星 ^{ほし} 별	☐ 骨 ^{ほね} 뼈
☐ 孫 ^{まご} 손자 (10年)	☐ 窓 ^{まど} 창문	☐ 豆 ^{まめ} 콩 (16年)
☐ 湖 ^{みずうみ} 호수 (15年)	☐ 緑 ^{みどり} 녹색 (15年)	☐ 港 ^{みなと} 항구
☐ 昔 ^{むかし} 옛날	☐ 麦 ^{むぎ} 보리	☐ 虫 ^{むし} 벌레
☐ 娘 ^{むすめ} 딸	☐ 実り ^{みの} 열매, 결실	☐ 都 ^{みやこ} 수도
☐ 指 ^{ゆび} 손가락, 발가락	☐ 夢 ^{ゆめ} 꿈	☐ 横 ^{よこ} 가로, 옆 (14年)

음독명사

あ행	☐ 案内 ^{あんない} 안내	☐ 暗証番号 ^{あんしょうばんごう} 비밀번호	☐ 医学 ^{いがく} 의학
	☐ 意義 ^{いぎ} 의의	☐ 以後 ^{いご} 이후	☐ 以降 ^{いこう} 이후 (12年)
	☐ 育児 ^{いくじ} 육아	☐ 意思 ^{いし} 의사(생각)	☐ 意志 ^{いし} 의지 (12年)
	☐ 意識 ^{いしき} 의식	☐ 衣食住 ^{いしょくじゅう} 의식주	☐ 一緒 ^{いっしょ} 함께
	☐ 位置 ^{いち} 위치 (13, 17年)	☐ 一般 ^{いっぱん} 일반	☐ 移動 ^{いどう} 이동 (15年)
	☐ 以内 ^{いない} 이내	☐ 違反 ^{いはん} 위반	☐ 飲酒 ^{いんしゅ} 음주
	☐ 引用 ^{いんよう} 인용	☐ 映像 ^{えいぞう} 영상	☐ 栄養 ^{えいよう} 영양 (15年)
	☐ 横断 ^{おうだん} 횡단 (12年)	☐ 屋上 ^{おくじょう} 옥상	☐ 応募 ^{おうぼ} 응모 (11, 17年)
か행	☐ 開会 ^{かいかい} 개회	☐ 海外 ^{かいがい} 해외	☐ 会館 ^{かいかん} 회관
	☐ 海岸 ^{かいがん} 해안	☐ 改札 ^{かいさつ} 개찰 (13, 18年)	☐ 解決 ^{かいけつ} 해결 (11, 17年)

かいさい □ 開催 개최	かいじょう □ 会場 회장 (집회 장소)	かいしゅう □ 回収 회수 (10, 13年)
かいてん □ 回転 회전	かかく □ 価格 가격 (11年)	かがく □ 科学 과학
かぐ □ 家具 가구	かこ □ 過去 과거 (11, 17年)	かこう □ 加工 가공
かし □ 歌詞 가사	かくち □ 各地 각지 (13年)	かしゅ □ 歌手 가수
かぞく □ 家族 가족	がっき □ 楽器 악기 (10, 15年)	かてい □ 家庭 가정
かてい □ 仮定 가정(조건) (14年)	かだい □ 課題 과제	かちょう □ 課長 과장(직급)
かんかく □ 感覚 감각	かんしん □ 関心 관심 (15年)	かんせい □ 完成 완성 (12, 17年)
かんりょう □ 完了 완료	きかい □ 機会 기회 (15, 18年)	きかい □ 機械 기계
きき □ 危機 위기	きけん □ 危険 위험	きげん □ 期限 기한 (15年)
きこう □ 気候 기후	きじ □ 記事 기사	きしょう □ 起床 기상
きせい □ 帰省 귀성	きせい □ 規制 규제	きせつ □ 季節 계절
きそく □ 規則 규칙 (15年)	きっぷ □ 切符 표	きふ □ 寄付 기부
きぼう □ 希望 희망 (10年)	きゅうこう □ 急行 급행	きゅうじつ □ 休日 휴일 (18年)
きょういく □ 教育 교육	ぎょうぎ □ 行儀 예절	きょうそう □ 競争 경쟁
きょうみ □ 興味 흥미	きょうつう □ 共通 공통 (13, 16年)	ぎょうれつ □ 行列 행렬, 줄
きょうし □ 教師 교사 (17年)	きょり □ 距離 거리 (18年)	きんし □ 禁止 금지
きんじょ □ 近所 근처	きんむ □ 勤務 근무	くいき □ 区域 구역
くうき □ 空気 공기	くうこう □ 空港 공항	くうせき □ 空席 빈자리, 공석 (10年)
けいかん □ 警官 경관 (경찰관의 준말)	けいけん □ 経験 경험	けいざい □ 経済 경제
げか □ 外科 외과 (12年)	けしき □ 景色 경치	けつあつ □ 血圧 혈압 (18年)
けつえき □ 血液 혈액 (10, 15年)	けっか □ 結果 결과	けってん □ 欠点 결점, 단점 (15年)
げんかん □ 玄関 현관	げんざい □ 現在 현재 (11, 15年)	こうか □ 効果 효과 (13年)
こうぎ □ 抗議 항의	こうこく □ 広告 광고 (14年)	げんしょう □ 減少 감소 (14, 17年)
こうがい □ 公害 공해	こうきょう □ 公共 공공	こうじょう □ 工場 공장
こうほ □ 候補 후보	こうりょ □ 考慮 고려	こくさい □ 国際 국제

☐ 個人 개인 (16年)	☐ 古代 고대	☐ 娯楽 오락

さ행	☐ 最初 최초	☐ 最新 최신 (10年)	☐ 財布 지갑
	☐ 材料 재료 (13年)	☐ 作業 작업	☐ 作物 작물, 농작물 (16年)
	☐ 雑音 잡음	☐ 雑誌 잡지 (14年)	☐ 差別 차별
	☐ 産業 산업	☐ 試験 시험	☐ 事故 사고
	☐ 辞書 사전	☐ 事情 사정 (13, 19年)	☐ 自身 자기, 자신
	☐ 自信 자신 (12, 16年)	☐ 地震 지진	☐ 思想 사상
	☐ 姿勢 자세 (16年)	☐ 湿気 습기 (=湿気)	☐ 実績 실적
	☐ 実力 실력 (13年)	☐ 湿度 습도	☐ 指定 지정
	☐ 辞典 사전	☐ 始発 시발(첫차)	☐ 市民 시민
	☐ 自分 자기	☐ 社会 사회	☐ 邪魔 방해
	☐ 自由 자유 (11年)	☐ 手段 수단 (15, 18年)	☐ 重複 중복(=重複)
	☐ 縮小 축소 (14年)	☐ 主人 주인	☐ 首都 수도 (11年)
	☐ 出張 출장 (11, 13, 16年)	☐ 寿命 수명	☐ 順番 순번, 차례 (10, 15年)
	☐ 正月 정월	☐ 状況 상황	☐ 小説 소설
	☐ 条件 조건	☐ 常識 상식	☐ 乗車 승차 (16年)
	☐ 状態 상태	☐ 承知 알고 있음	☐ 商業 상업 (14年)
	☐ 商売 장사	☐ 商品 상품 (사고 파는 물품) (17年)	☐ 賞品 상품(상으로 주는 물품)
	☐ 勝負 승부	☐ 情報 정보 (11年)	☐ 省略 생략
	☐ 食器 식기 (14年)	☐ 食堂 식당	☐ 植物 식물
	☐ 資料 자료	☐ 信号 신호	☐ 身長 신장 (10年)
	☐ 人類 인류	☐ 処理 처리	☐ 深夜 심야
	☐ 親友 친우, 친구, 벗	☐ 信用 신용	☐ 信頼 신뢰
	☐ 水泳 수영	☐ 水道 수도	☐ 数学 수학

☐ 正解 _{せいかい} 정답, 해답 (15年)	☐ 性格 _{せいかく} 성격 (11, 16年)	☐ 税金 _{ぜいきん} 세금 (16年)
☐ 制限 _{せいげん} 제한 (14, 18年)	☐ 政治 _{せいじ} 정치	☐ 正常 _{せいじょう} 정상 (10年)
☐ 生徒 _{せいと} 학생	☐ 製品 _{せいひん} 제품	☐ 西洋 _{せいよう} 서양
☐ 前後 _{ぜんご} 전후, 쯤 (11年)	☐ 選手 _{せんしゅ} 선수 (13年)	☐ 選択 _{せんたく} 선택
☐ 全般 _{ぜんぱん} 전반	☐ 相談 _{そうだん} 상담 (18年)	☐ 送付 _{そうふ} 송부
☐ 卒業 _{そつぎょう} 졸업 (12, 10年)		

た행	☐ 退院 _{たいいん} 퇴원 (18年)	☐ 大会 _{たいかい} 대회 (14年)	☐ 体重 _{たいじゅう} 체중
	☐ 体力 _{たいりょく} 체력 (10年)	☐ 台所 _{だいどころ} 부엌 (19年)	☐ 太陽 _{たいよう} 태양
	☐ 大量 _{たいりょう} 대량 (11年)	☐ 多少 _{たしょう} 다소 (18年)	☐ 他人 _{たにん} 타인 (12年)
	☐ 探検(探険) _{たんけん} 탐험	☐ 単身 _{たんしん} 단신(단독)	☐ 団体 _{だんたい} 단체 (18年)
	☐ 暖房 _{だんぼう} 난방	☐ 地域 _{ちいき} 지역	☐ 知恵 _{ちえ} 지혜
	☐ 地球 _{ちきゅう} 지구 (11年)	☐ 遅刻 _{ちこく} 지각	☐ 知識 _{ちしき} 지식
	☐ 地図 _{ちず} 지도	☐ 中古 _{ちゅうこ} 중고 (17年)	☐ 中止 _{ちゅうし} 중지
	☐ 朝食 _{ちょうしょく} 조식 (15年)	☐ 貯金 _{ちょきん} 저금 (13年)	☐ 直接 _{ちょくせつ} 직접 (17年)
	☐ 賃貸 _{ちんたい} 임대	☐ 通知 _{つうち} 통지, 알림 (13年)	☐ 通勤 _{つうきん} 통근 (10, 11年)
	☐ 都合 _{つごう} 형편, 사정	☐ 提案 _{ていあん} 제안	☐ 定期券 _{ていきけん} 정기권
	☐ 停止 _{ていし} 정지	☐ 停車 _{ていしゃ} 정차	☐ 低速 _{ていそく} 저속
	☐ 停電 _{ていでん} 정전 (13年)	☐ 店員 _{てんいん} 점원	☐ 展示 _{てんじ} 전시
	☐ 転職 _{てんしょく} 전직, 이직	☐ 電池 _{でんち} 전지	☐ 伝統 _{でんとう} 전통
	☐ 答案 _{とうあん} 답안	☐ 動作 _{どうさ} 동작	☐ 道具 _{どうぐ} 도구
	☐ 登校 _{とうこう} 등교	☐ 当日 _{とうじつ} 당일 (14年)	☐ 当番 _{とうばん} 당번
	☐ 動物 _{どうぶつ} 동물	☐ 東洋 _{とうよう} 동양	☐ 特色 _{とくしょく} 특색
	☐ 独身 _{どくしん} 독신 (13年)	☐ 特長 _{とくちょう} 특장(특별한 장점)	☐ 特徴 _{とくちょう} 특징 (16年)
	☐ 都市 _{とし} 도시	☐ 土地 _{とち} 토지	☐ 途中 _{とちゅう} 도중

□ 特急 특급	□ 道路 도로	□ 登山 등산
□ 徒歩 도보	□ 渡来 도래 (외국에서 건너옴)	□ 努力 노력 (10年)

な・は행	□ 内緒 비밀 (16年)	□ 内容 내용 (14年)	□ 納得 납득
	□ 日記 일기	□ 人形 인형	□ 年齢 연령
	□ 売店 매점	□ 売買 매매	□ 番号 번호
	□ 半日 반일, 한나절 (10年)	□ 比較 비교 (17年)	□ 表現 표현
	□ 表情 표정	□ 表面 표면, 겉 (11年)	□ 封筒 봉투
	□ 夫婦 부부	□ 符号 부호	□ 夫妻 부처, 부부
	□ 普通 보통	□ 物価 물가 (13年)	□ 不満 불만 (11年)
	□ 部分 부분 (18年)	□ 文章 문장 (13年)	□ 平均 평균 (15, 17年)
	□ 平日 평일 (12年)	□ 弁当 도시락	□ 貿易 무역
	□ 方向 방향 (16年)	□ 帽子 모자	□ 方針 방침
	□ 包装 포장	□ 放置 방치	□ 防犯 방범
	□ 法律 법률 (11年)	□ 歩道 보도	

ま~ら행	□ 毎晩 매일 밤	□ 漫画 만화	□ 未来 미래 (10年)
	□ 目的 목적 (17年)	□ 目標 목표 (18年)	□ 模様 무늬
	□ 役目 임무, 역할	□ 野生 야생	□ 家賃 집세 (10年)
	□ 屋根 지붕	□ 遊園地 유원지	□ 友人 친구
	□ 優勝 우승	□ 夕飯 저녁 식사	□ 輸出 수출 (16年)
	□ 輸入 수입	□ 容器 용기(그릇) (13年)	□ 様子 모양, 모습
	□ 落下 낙하	□ 料金 요금 (15年)	□ 礼儀 예의
	□ 冷凍 냉동	□ 連続 연속	□ 労働 노동

학습포인트

닮은꼴 한자에서는 훈독과 음독을 함께 학습할 수 있도록 하였다. 기계적으로 암기하기보다는 한자의 모양과 의미를 주의 깊게 살펴보며 학습하면 효과적이다. 특히, 한자를 암기하기 힘든 학습자의 경우, 음독과 훈독을 이해하며 닮은꼴 한자를 공부한다면 한자 공부가 수월해질 것이다.

닮은꼴 한자

※어휘 옆 숫자는 기출 연도입니다.

親 친할 **친**	りょうしん 両親 부모	ははおや 母親 모친, 어머니
新 새로울 **신**	しんぶん 新聞 신문	あたら 新しい 새롭다
何 어찌 **하**	なにごと 何事 무슨 일, 만사	なん 何でも 무엇이든지
荷 멜 **하**	に もつ 荷物 화물, 짐	
観 볼 **관**	かんこう 観光 관광 (11年)	かんきゃく 観客 관객 (16年)
歓 기쁠 **환**	かんげい 歓迎 환영	
若 같을 **약**	じゃっかん 若干 약간	わか 若い 젊다 (14, 19年)
苦 쓸 **고**	にが 苦い 쓰다	くる 苦しい 괴롭다 (13, 17年)
	く ろう 苦労 노고, 고생 (10年)	
門 문 **문**	もん 門 문	せんもん 専門 전문
問 물을 **문**	ぎ もん 疑問 의문 (11年)	と 問う 묻다
閉 닫을 **폐**	へいかい 閉会 폐회	し 閉める 닫다
開 열 **개**	かいかい 開会 개회	あ 開ける 열다
聞 들을 **문**	き 聞く 듣다	
関 관계할 **관**	かんしん 関心 관심	かんけい 関係 관계 (17年)
間 사이 **간**	にんげん 人間 인간	ま あ 間に合う 시간에 맞게 대다
簡 간략할 **간**	かんたん 簡単 간단	
石 돌 **석**	ほうせき 宝石 보석	いし 石 돌
岩 바위 **암**	がんせき 岩石 암석	いわ 岩 바위
祭 제사 **제**	だいがくさい 大学祭 대학 축제	まつ 祭り 축제
際 사이 **제**	こくさい 国際 국제	じっさい 実際 실제
察 살필 **찰**	かんさつ 観察 관찰 (15年)	けいさつ 警察 경찰
皿 그릇 **명**	さら 皿 접시	
血 피 **혈**	ち 血 피	
失 잃을 **실**	しつぎょう 失業 실업 (10年)	うしな 失う 잃다
夫 지아비 **부**	ふうふ 夫婦 부부 (10年)	おっと 夫 남편
受 받을 **수**	じゅけん 受験 수험	うけつけ 受付 접수(처)
授 줄 **수**	じゅぎょう 授業 수업	きょうじゅ 教授 교수
職 직분 **직**	しょくぎょう 職業 직업	しゅうしょく 就職 취직
識 알 **식**	ち しき 知識 지식	じょうしき 常識 상식

周 두루 **주**	周囲 しゅう い 주위	周り まわ 주위, 주변
週 돌 **주**	週末 しゅうまつ 주말	今週 こんしゅう 이번 주
調 고를 **조**	調査 ちょう さ 조사 (19年)	調べる しら 조사하다
怒 성낼 **노**	怒る おこ 성내다, 화내다 (10年)	
努 힘쓸 **노**	努力 ど りょく 노력	努める つと 노력하다
農 농사 **농**	農業 のうぎょう 농업	
濃 짙을 **농**	濃い こ 진하다	
豊 풍년 **풍**	豊富 ほう ふ 풍부	豊かな ゆた 풍부한
非 아닐 **비**	非常に ひ じょう 매우, 상당히	
悲 슬플 **비**	悲しい かな 슬프다	悲しむ かな 슬퍼하다
復 회복할 **복**	復習 ふくしゅう 복습 (12年)	往復 おうふく 왕복
腹 배 **복**	腹 はら 배	
複 겹칠 **복**	複雑な ふくざつ 복잡한 (11, 18年)	複数 ふくすう 복수 (→단수) (14年)
末 끝 **말**	週末 しゅうまつ 주말	
未 아닐 **미**	未来 み らい 미래 (19年)	
味 맛 **미**	興味 きょう み 흥미 (15年)	味 あじ 맛
録 기록할 **록**	記録 き ろく 기록 (12, 16年)	録音 ろくおん 녹음
緑 푸를 **록**	緑茶 りょくちゃ 녹차	緑色 みどりいろ 녹색
留 머무를 **류**	留学 りゅうがく 유학	留守 る す 부재중 (13年)

貿 무역할 **무**	貿易 ぼうえき 무역	
費 쓸 **비**	費用 ひ よう 비용	消費 しょう ひ 소비
弟 아우 **제**	兄弟 きょうだい 형제	弟 おとうと 남동생, 아우
第 차례 **제**	第一 だいいち 제일, 우선	
安 편안 **안**	不安 ふ あん 불안 (13年)	安定 あんてい 안정
案 책상 **안**	案内 あんない 안내 (11年)	提案 ていあん 제안
室 집 **실**	和室 わ しつ 일본식(다다미) 방	教室 きょうしつ 교실
堂 집 **당**	食堂 しょくどう 식당	
屋 집 **옥**	屋外 おくがい 옥외, 야외	屋根 や ね 지붕
責 꾸짖을 **책**	責任 せきにん 책임	責める せ 나무라다
積 쌓을 **적**	積極的 せっきょくてき 적극적 (14年)	積む つ 쌓다
績 실낳을 **적**	業績 ぎょうせき 업적	成績 せいせき 성적 (10, 16年)
然 그럴 **연**	自然 し ぜん 자연 (14年)	突然 とつぜん 돌연, 갑자기
燃 탈 **연**	燃料 ねんりょう 연료	燃える も (불)타다 (17年)
焼 사를 **소**	焼く や 굽다 (16年)	焼ける や 구워지다
命 목숨 **명**	命令 めいれい 명령 (18年)	命 いのち 목숨, 생명
冷 찰 **랭**	冷房 れいぼう 냉방	冷える ひ 식다, 추워지다 (17年)
齢 나이 **령**	年齢 ねんれい 연령	
険 험할 **험**	冒険 ぼうけん 모험	険しい けわ 험하다

検 검사할 검	検査 けんさ 검사 (14年)	
験 시험할 험	試験 しけん 시험	実験 じっけん 실험
固 굳을 고	固い かたい 단단하다 (12年)	固める かためる 굳히다
個 낱 개	～個 ～こ ～개	
列 벌릴 렬	列 れつ 줄, 열 (17年)	列車 れっしゃ 열차
例 법식 례	例 れい 예	例えば たとえば 예를 들면
幸 다행 행	幸せ しあわせ 행복	幸い さいわい 다행임, 운이 좋음
辛 매울 신	辛い からい 맵다	辛い つらい 괴롭다
布 베 포	財布 さいふ 지갑	布 ぬの 삼베와 무명 (천)
怖 두려워할 포	怖い こわい 무섭다	
反 되돌릴 반	反対 はんたい 반대 (17年)	反省 はんせい 반성
坂 언덕 판	坂道 さかみち 비탈길 (17年)	坂 さか 언덕
板 널빤지 판	看板 かんばん 간판	まな板 まないた 도마
返 돌아올 반	返事 へんじ 대답	返す かえす 돌려주다 (11年)
販 팔 판	販売 はんばい 판매	
招 부를 초	招待 しょうたい 초대	招く まねく 부르다
超 넘을 초	超過 ちょうか 초과	超える こえる 초과하다
禁 금할 금	禁止 きんし 금지	禁煙 きんえん 금연 (17年)
断 끊을 단	横断 おうだん 횡단	断る ことわる 거절하다 (11, 16, 17年)

妻 아내 처	夫妻 ふさい 부처 (부부)	妻 つま 아내
婦 며느리 부	夫婦 ふうふ 부부	婦人 ふじん 부인
割 벨 할	割引 わりびき 할인	割合 わりあい 비율
害 해할 해	利害 りがい 이해	妨害 ぼうがい 방해
交 사귈 교	交換 こうかん 교환	交差点 こうさてん 교차로
校 학교 교	校長 こうちょう 교장	校則 こうそく 교칙
還 돌아올 환	還元 かんげん 환원	
環 고리 환	環境 かんきょう 환경	循環 じゅんかん 순환
鏡 거울 경	眼鏡 めがね 안경	鏡 かがみ 거울
境 지경 경	国境 こっきょう 국경	環境 かんきょう 환경
衣 옷 의	衣服 いふく 의복	衣類 いるい 의류
依 의지할 의	依頼 いらい 의뢰	
義 옳을 의	民主主義 みんしゅしゅぎ 민주주의	講義 こうぎ 강의
議 의논할 의	議論 ぎろん 의론, 토론, 논의	不思議な ふしぎな 불가사의한
儀 거동 의	儀礼 ぎれい 의례	行儀 ぎょうぎ 예의 범절, 예절
犠 희생 희	犠牲 ぎせい 희생	
到 이를 도	到着 とうちゃく 도착 (11, 16年)	到来 とうらい 도래
倒 넘어질 도	面倒な めんどうな 귀찮은	倒れる たおれる 넘어지다
刻 새길 각	遅刻 ちこく 지각	刻む きざむ 새기다

持 가질 지	持参 じさん 지참	持つ も 가지다
待 기다릴 대	招待 しょうたい 초대	待つ ま 기다리다
動 움질일 동	動作 どうさ 동작	動く うご 움직이다
働 굼닐 동	労働 ろうどう 노동	働く はたら 일하다
制 억제할 제	制限 せいげん 제한	制服 せいふく 제복 (10, 18年)
製 지을 제	製品 せいひん 제품	製造 せいぞう 제조
温 따뜻할 온	温度 おんど 온도	気温 きおん 기온 (11年)
	温泉 おんせん 온천 (14年)	温かい あたた 따뜻하다
混 섞을 혼	混乱 こんらん 혼란	混ぜる ま 섞다 (15年)
湿 축축할 습	湿度 しつど 습도	湿気 しっけ 습기
	湿る しめ 축축해지다	
訪 찾을 방	訪問 ほうもん 방문	訪れる おとず 방문하다
妨 방해할 방	妨害 ぼうがい 방해	妨げる さまた 방해하다
防 막을 방	予防 よぼう 예방	防ぐ ふせ 막다
折 꺾을 절	骨折 こっせつ 골절	折る お 접다 (11年)
技 재주 기	技術 ぎじゅつ 기술	演技 えんぎ 연기
押 누를 압	押す お 밀다	
象 코끼리 상	印象 いんしょう 인상 (14, 19年)	象徴 しょうちょう 상징
	象 ぞう 코끼리	

像 모양 상	映像 えいぞう 영상	想像 そうぞう 상상 (18年)
相 서로 상	相互 そうご 서로, 상호	相手 あいて 상대
想 생각 상	想像 そうぞう 상상 (18年)	連想 れんそう 연상
経 날 경	経済 けいざい 경제	経験 けいけん 경험
軽 가벼울 경	軽い かる 가볍다	
悩 괴로워할 뇌	苦悩 くのう 고뇌	悩む なや 고민하다
憎 미워할 증	憎い にく 밉다	
脳 뇌 뇌	脳 のう 뇌	
主 주인 주	主張 しゅちょう 주장 (11年)	主観 しゅかん 주관
注 부을 주	注文 ちゅうもん 주문	注射 ちゅうしゃ 주사 (14年)
住 살 주	住所 じゅうしょ 주소	住民 じゅうみん 주민
柱 기둥 주	電柱 でんちゅう 전봇대	柱 はしら 기둥
駐 머무를 주	駐車 ちゅうしゃ 주차	
予 미리 예	天気予報 てんきよほう 일기예보	予約 よやく 예약
矛 창 모	矛盾 むじゅん 모순	
預 미리 예	預ける あず 맡기다 (15, 17年)	
求 구할 구	求職 きゅうしょく 구직	求める もと 구하다
救 구원할 구	救急車 きゅうきゅうしゃ 구급차	救う すく 구하다
球 공 구	野球 やきゅう 야구	地球 ちきゅう 지구

礼 예도 예	失礼 しつれい 실례	お礼 れい 사례 (선물) (19年)
祝 빌 축	祝日 しゅくじつ 축일	お祝い いわ 축하
祈 빌 기	祈る いの 빌다	お祈り いの 기도, 기원
健 굳셀 건	健康 けんこう 건강 (11, 19年)	
建 세울 건	建物 たてもの 건물	建てる た 세우다
康 편안 강	健康 けんこう 건강 (11, 19年)	
庫 곳집 고	冷蔵庫 れいぞうこ 냉장고	
形 모양 형	形式 けいしき 형식 形 かたち 모양	人形 にんぎょう 인형
型 거푸집 형	大型 おおがた 대형	新型 しんがた 신형
類 무리 류,유	人類 じんるい 인류	種類 しゅるい 종류
数 셈 수	数学 すうがく 수학	数 かず 수
賃 품삯 임	家賃 やちん 집세	賃貸 ちんたい 임대
貧 가난할 빈	貧富 ひんぷ 빈부	貧しい まず 가난하다
慢 거만할 만	我慢 がまん 참음 (14年)	自慢 じまん 자랑 (13年)
漫 흩어질 만	漫画 まんが 만화	
記 기록할 기	日記 にっき 일기	記す しる 기록하다
紀 벼리 기	世紀 せいき 세기	
語 말씀 어	単語 たんご 단어 (11年)	物語 ものがたり 이야기

結 맺을 결	結果 けっか 결과	結ぶ むす 잇다, 매다 (17年)
給 줄 급	給料 きゅうりょう 급료	時給 じきゅう 시급
達 통달할 달	配達 はいたつ 배달 (15年)	
遅 더딜 지	遅刻 ちこく 지각	遅い おそ 늦다 (13, 19年)
流 흐를 류	流行 りゅうこう 유행 (16年)	流れる なが 흐르다
洗 씻을 세	洗剤 せんざい 세제	洗う あら 씻다
消 사라질 소	消費 しょうひ 소비 (16年)	取り消す とけ 취소하다
清 맑을 청	清潔 せいけつ 청결 (11, 19年)	清い きよ 맑다
逃 도망할 도	逃げる に 도망치다 (13, 16年)	
遠 멀 원	遠い とお 멀다	
辺 가 변	周辺 しゅうへん 주변	この辺 へん 이 근처
逆 거스릴 역	逆転 ぎゃくてん 역전	逆に ぎゃく 거꾸로 (17年)
借 빌릴 차	借金 しゃっきん 빚, 돈을 꿈	借りる か 빌리다 (15年)
貸 빌릴 대	貸金 かしきん 대출금	貸す か 빌려주다
返 돌아올 반	返事 へんじ 답장, 답변	返す かえ 돌려주다 (11年)
席 자리 석	欠席 けっせき 결석 (14年)	席 せき 자리
座 앉을 자	座席 ざせき 좌석	座る すわ 앉다
欠 어지러질 결	欠点 けってん 결점 (11年)	欠席 けっせき 결석 (14年)
次 버금 차	次第に しだい 차츰, 점점 (15年)	次 つぎ 다음

吹 불 취	吹雪 눈보라	吹く (바람이) 불다
病 병 **병**	病気 병	
疲 지칠 피	疲れる 지치다, 피곤하다 (13, 18年)	
痛 아플 **통**	頭痛 두통 (17年)	痛い 아프다 (11年)
原 언덕 **원**	原因 원인 (15年)	原料 원료 (12, 18年)
源 근원 **원**	資源 자원 (14年)	
砂 모래사	砂 모래	
秒 시간단위 초	秒 초 (17年)	
右 오른쪽 우	右折 우회전 (18年)	右 오른쪽
左 왼쪽 좌	左折 좌회전	左 왼쪽

동사

※어휘 옆 숫자는 기출 연도입니다.

~く		
□ 開^あく 열리다	□ 空^あく (시간이) 나다, (공간이) 비다	□ 歩^{ある}く 걷다
□ 急^{いそ}ぐ 서두르다	□ 動^{うご}く 움직이다	□ 描^{えが}く (그림을) 그리다
□ 置^おく 두다	□ 落^おち着^つく 안정되다, 진정되다 (10, 17年)	
□ 泳^{およ}ぐ 수영하다	□ 驚^{おどろ}く 놀라다	□ 輝^{かがや}く 빛나다 (16年)
□ 稼^{かせ}ぐ (일하여) 벌다	□ 傾^{かたむ}く 기울다	□ 渇^{かわ}く 목이 마르다
□ 空^すく (속이) 비다, 공복이 되다	□ 続^{つづ}く 계속되다 (18年)	□ 解^とく 풀다, 뜯다
□ 研^とぐ (칼 등을) 갈다, 윤을 내다	□ 届^{とど}く 닿다, 도착하다	□ 泣^なく 울다 (18年)
□ 抜^ぬく 빼다	□ 脱^ぬぐ 벗다	□ 引^ひく 당기다
□ 防^{ふせ}ぐ 막다 (15年)	□ 招^{まね}く 초대하다, 초래하다	□ 向^むく 향하다
□ 焼^やく 굽다 (16年)		

~う		
□ 味^{あじ}わう 맛보다	□ 扱^{あつか}う 취급하다 (10年)	□ 疑^{うたが}う 의심하다 (15, 18年)
□ 奪^{うば}う 빼앗다 (12年)	□ 追^おう 쫓다, 따르다 (10年)	□ 誘^{さそ}う 권하다
□ 支^し払^{はら}う 지불하다	□ 救^{すく}う 구하다	□ 戦^{たたか}う 싸우다 (15年)
□ 違^{ちが}う 다르다 (17年)	□ 使^{つか}う 사용하다	□ 手^て伝^{つだ}う 돕다 (17年)
□ 問^とう 묻다	□ 習^{なら}う 배우다	□ 似^に合^あう 어울리다, 잘 맞다 (16年)
□ 従^{したが}う 따르다 (16年)	□ 払^{はら}う 지불하다	□ 願^{ねが}う 원하다, 바라다 (15年)
□ 間^まに合^あう 시간에 맞게 대다	□ 迷^{まよ}う 헤매다, 망설이다 (18年)	□ 見^み舞^まう 문병하다
□ 笑^{わら}う 웃다 (13年)		

~む		
□ 編^あむ 엮다, 편집하다 (15年)	□ 痛^{いた}む 아프다, 괴롭다	□ 産^うむ 분만(출산)하다
□ 組^くむ 끼다, 꼬다, 엮다 (10, 16年)	□ 好^{この}む 좋아하다	□ 進^{すす}む 나아가다
□ 済^すむ 끝나다, 해결되다	□ 頼^{たの}む 부탁하다	□ 包^{つつ}む 싸다, 둘러싸다 (13, 15, 19年)
□ 積^つむ 쌓다	□ 悩^{なや}む 고민하다	□ 進^{すす}む 진행하다, 나아가다

□ 踏^ふむ 밟다	□ 申^{もう}し込^こむ 신청하다 (16年)	

～す

□ 表^{あらわ}す 나타내다, 표현하다 (10, 15年)	□ 移^{うつ}す 옮기다 (10年)	□ 動^{うご}かす 움직이다
□ 落^おとす 떨어뜨리다	□ 隠^{かく}す 감추다, 숨기다 (15年)	□ 貸^かす 빌려주다 (13年)
□ 暮^くらす 지내다 (10年)	□ 消^けす 끄다 (14年)	□ 壊^{こわ}す 망가뜨리다
□ 探^{さが}す 찾다	□ 指^さす 가리키다	□ 示^{しめ}す 보이다, 가리키다 (12年)
□ 過^すごす 시간을 보내다	□ 試^{ため}す 시험해보다	□ 照^てらす 비추다
□ 通^{とお}す 통과시키다	□ 伸^のばす 연장하다, 연기하다 (12年)	□ 離^{はな}す 떼다, 거리를 두다 (14年)
□ 増^ふやす 늘리다, 불리다	□ 回^{まわ}す 돌리다 (16, 17年)	□ 許^{ゆる}す 용서하다, 허락하다 (16年)
□ 汚^{よご}す 더럽히다	□ 渡^{わた}す 건네다, 주다	□ 冷^ひやす 식히다, 차게 하다

～る

□ 飽^あきる 질리다, 싫증나다 (14年)	□ 明^あける (기간이) 끝나다, (날이) 밝다 (10年)	
□ あこがれる 동경하다	□ 与^{あた}える 주다	□ 当^あたる 맞다, 들어맞다 (18年)
□ 集^{あつ}める 모으다 (13年)	□ 浴^あびる 뒤집어쓰다	□ 余^{あま}る 남다 (13年)
□ 改^{あらた}める 고치다, 변경하다	□ 荒^あれる 황폐해지다, 거칠어지다	□ 合^あわせる 맞추다
□ いじめる 괴롭히다	□ 要^いる 필요하다	□ 植^うえる (꽃, 나무 등을) 심다 (11年)
□ 映^{うつ}る 비추다	□ 移^{うつ}る 옮기다, 이동하다 (14年)	□ 売^うり切^きれる 매진되다 (13年)
□ 売^うる 팔다	□ 埋^うめる 매장하다, 메우다 (18年)	□ 起^おきる 일어나다 (12年)
□ 遅^{おく}れる 늦다 (11年)	□ 起^おこる 일어나다, 발생하다	□ 送^{おく}る 보내다
□ 落^おちる 떨어지다	□ 踊^{おど}る 춤추다	□ 覚^{おぼ}える 기억하다, 외우다 (10, 14年)
□ 降^おりる 내리다, 내려오다 (10年)	□ 折^おれる 접히다, 부러지다	□ 終^おわる 끝나다
□ 変^かえる 바꾸다 (18, 19年)	□ 替^かえる 바꾸다, 교환하다 (14年)	□ 考^{かんが}える 생각하다
□ 配^{くば}る 나누어주다 (12年)	□ 加^{くわ}える 가하다, 더하다 (16年)	□ 困^{こま}る 곤란하다 (12, 17年)
□ 去^さる 떠나다, 지나가다	□ 受^うける 받다	□ 帰^{かえ}る 돌아가다, 돌아오다
□ 限^{かぎ}る 경계·범위를 짓다	□ 重^{かさ}ねる 쌓다, 포개다 (13, 18年)	□ 頑張^{がんば}る 힘내다, 노력하다

□ 超える 넘다 　　□ 凍る 얼다 　　□ 答える 대답하다

□ 断る 거절하다 (11, 16, 17年) 　　□ 叱る 혼내다 　　□ 確かめる 확인하다 (13, 16年)

□ 助ける 돕다, 살리다 (19年) 　　□ 頼る 의지하다 (16年) 　　□ 努める 힘쓰다, 노력하다

□ 届ける 보내다, 신고하다 (15年) 　　□ 泊まる 묵다 　　□ 止める 세우다

□ 眺める 바라보다, 전망하다 　　□ 慰める 위로하다, 달래다 (16年) 　　□ 握る 쥐다, 잡다 (13年)

□ 投げる 던지다 (15年) 　　□ 慣れる 익숙해지다, 길들다 　　□ 眠る 잠들다 (16年)

□ 登る 높은 곳으로 올라가다 　　□ 図る 도모하다 　　□ 測る (무게를) 달다, 재다 (10年)

□ 始める 시작하다 　　□ 走る 달리다 　　□ 離れる 멀어지다, 떨어지다

□ 参る 가다('行く」의 겸양어) 　　□ 曲げる 구부리다, 굽히다 (16年) 　　□ 交ざる 섞이다 (18年)

□ 回る 돌다 　　□ 認める 인정하다 　　□ 迎える 맞이하다, 마중하다

□ 求める 구하다, 원하다 　　□ 敗れる 패하다 　　□ 破れる 찢어지다, 깨지다 (15年)

□ 渡る 건너다 　　□ 割れる 깨지다 (14年) 　　□ 辞める 그만두다

□ 避ける 피하다 　　□ 信じる 믿다 (13, 17, 19年) 　　□ 進める 진행시키다, 진척시키다

□ 捨てる 버리다 　　□ 攻める 공격하다 　　□ 建てる (건물을) 짓다, 세우다

□ 例える 예를 들다 　　□ 黙る 침묵하다 (15, 19年) 　　□ 貯まる (돈이) 모이다 (10年)

□ 貯める (돈을) 모으다 (11, 14年) 　　□ 伝える (말 등을) 전하다 (15年) 　　□ 勤める 근무하다 (15年)

□ 解ける 풀리다, 해소되다 　　□ どなる 소리치다, 고함치다 (14, 17年)

□ 光る 빛나다, 돋보이다 (16年) 　　□ 伸びる 자라다, 발전하다 　　□ 生える 나다, 자라다 (13年)

□ 計る (시간 등을) 재다 　　□ 晴れる 맑다 　　□ 減る 줄다 (11年)

□ 任せる 맡기다 　　□ 間違える 잘못하다, 실수하다 　　□ 守る 지키다 (12, 15年)

□ 認める 인정하다 　　□ 燃える 타다 (17年) 　　□ 温める 따뜻하게 하다 (12年)

□ 触る 만지다, 손대다 　　□ 調べる 조사하다, 알아보다 　　□ 育てる 키우다, 기르다 (12年)

□ 訪ねる 찾다, 방문하다 　　□ 倒れる 쓰러지다 　　□ 詰まる 막히다, 가득 차다

□ ぶつかる 부딪치나, 충돌하다 (14年) 　　□ 寄る 다가가다

~つ	□ 勝<ruby>か</ruby>つ 이기다 (19年)	□ 育<ruby>そだ</ruby>つ 자라다	□ 経<ruby>た</ruby>つ (시간이) 경과하다 (14年)
	□ 建<ruby>た</ruby>つ (건물이) 세워지다		

~ぶ	□ 遊<ruby>あそ</ruby>ぶ 놀다 (18年)	□ 転<ruby>ころ</ruby>ぶ 구르다, 넘어지다 (11, 17年)	□ 飛<ruby>と</ruby>ぶ 날다 (17年)
	□ 結<ruby>むす</ruby>ぶ 매다, 묶다 (12, 17年)	□ 運<ruby>はこ</ruby>ぶ 나르다, 운반하다	□ 学<ruby>まな</ruby>ぶ 배우다 (16年)
	□ 叫<ruby>さけ</ruby>ぶ 외치다	□ 呼<ruby>よ</ruby>ぶ 부르다	

훈독명사

□ 合図<ruby>あいず</ruby> 신호 (12年)	□ 相手<ruby>あいて</ruby> 상대 (14年)	□ 朝寝坊<ruby>あさねぼう</ruby> 늦잠
□ 居眠り<ruby>いねむ</ruby> 졸음	□ 居間<ruby>いま</ruby> 거실, 응접실	□ 内側<ruby>うちがわ</ruby> 안쪽, 내부 (10年)
□ 売り場<ruby>うば</ruby> 매장	□ 笑顔<ruby>えがお</ruby> 웃는 얼굴 (12年)	□ えさ 먹이, 사료
□ 大家<ruby>おおや</ruby> 집주인	□ お代わり<ruby>か</ruby> 추가, 리필	□ おしゃれ 멋
□ 落し物<ruby>おともの</ruby> 분실물	□ 思い出<ruby>おもで</ruby> 추억	□ 囲み<ruby>かこ</ruby> 둘러쌈, 포위 (16年)
□ 限り<ruby>かぎ</ruby> 한정	□ 飾り<ruby>かざ</ruby> 장식	□ 風邪<ruby>かぜ</ruby> 감기
□ 片方<ruby>かたほう</ruby> 한쪽, 한편 (12年)	□ かび 곰팡이	□ 決まり<ruby>き</ruby> 규칙 (10, 16年)
□ 客間<ruby>きゃくま</ruby> 객실, 응접실	□ 切手<ruby>きって</ruby> 우표	□ 玄人<ruby>くろうと</ruby> 프로, 전문가
□ 今朝<ruby>けさ</ruby> 오늘 아침	□ 恋人<ruby>こいびと</ruby> 연인, 애인	□ 好み<ruby>この</ruby> 취향, 기호
□ 小屋<ruby>こや</ruby> 오두막집	□ 酒屋<ruby>さかや</ruby> 술집	□ 芝居<ruby>しばい</ruby> 연극
□ 品物<ruby>しなもの</ruby> 물건	□ 芝生<ruby>しばふ</ruby> 잔디밭	□ 染み<ruby>し</ruby> 얼룩 (17年)
□ 締め切り<ruby>しき</ruby> 마감 (15, 19年)	□ 知り合い<ruby>しあ</ruby> 아는 사이, 지인	□ 素人<ruby>しろうと</ruby> 아마추어, 비전문가
□ 台所<ruby>だいどころ</ruby> 부엌 (13, 19年)	□ 立場<ruby>たちば</ruby> 입장	□ 建物<ruby>たてもの</ruby> 건물
□ ため息<ruby>いき</ruby> 한숨 (10年)	□ 梅雨<ruby>つゆ</ruby> 장마	□ 出会い<ruby>であ</ruby> 만남
□ 手洗い<ruby>てあら</ruby> 화장실	□ 手紙<ruby>てがみ</ruby> 편지	□ 出来事<ruby>できごと</ruby> 일, 사건
□ 手帳<ruby>てちょう</ruby> 수첩	□ 手伝い<ruby>てつだ</ruby> 도와줌, 일손	□ 問い合わせ<ruby>とあ</ruby> 문의

□ 取り消し 취소　　□ 仲間 동료　　□ 中身 실속, 내용

□ 流れ 흐름 (12年)　　□ 苦手 서투름, 못함　　□ 荷物 짐

□ 葉書 엽서　　□ 場面 장면　　□ 番組 방송 프로그램

□ 引き出し 서랍　　□ 昼間 낮, 정오　　□ 広場 광장

□ 船便 배편　　□ 本物 진품　　□ 水着 수영복

□ 見舞い 문인, 병문안　　□ 身分 신분　　□ 土産 선물, 토산품

□ 見本 견본　　□ 虫歯 충치　　□ 息子 아들

□ 眼鏡 안경　　□ 物置 광, 곳간　　□ 申込書 신청서 (11, 16年)

□ 物語 이야기 (10年)　　□ 物事 사물, 만사　　□ 役割 역할

□ 屋根 지붕　　□ 山登り 등산　　□ 行方 행방

□ 夜中 밤중　　□ 世の中 세상, 속세　　□ 割引 할인 (15年)

□ 悪口 험담

2019

- ☐ 予約 예약
- ☐ 若い 젊다
- ☐ 上品(な) 품위가 있음
- ☐ 助ける 돕다, 구하다
- ☐ 未来 미래
- ☐ 各駅 각 역
- ☐ 勝つ 이기다
- ☐ 印象 인상
- ☐ 遅い 늦다
- ☐ 線 선
- ☐ 調査 조사
- ☐ 郵便 우편
- ☐ 腰 허리
- ☐ 方角 방위, 방향
- ☐ 包む 감싸다, 포장하다
- ☐ 昼食 점심 식사

2018

- ☐ 卒業 졸업
- ☐ 相談 상담
- ☐ 確かに 확실하게
- ☐ 遊ぶ 놀다
- ☐ 制服 제복, 유니폼
- ☐ 換える 바꾸다, 옮기다
- ☐ 血圧 혈압
- ☐ 改札 개찰
- ☐ 塩 소금
- ☐ 命令 명령
- ☐ 恋しい 그립다
- ☐ 機会 기회
- ☐ 休日 휴일
- ☐ 部分 부분
- ☐ 疑う 의심하다
- ☐ 得意 자신이 있음, 잘함

2017

- ☐ 位置 위치
- ☐ 過去 과거
- ☐ 下線 밑줄
- ☐ 禁煙 금연
- ☐ 計算 계산
- ☐ 手術 수술
- ☐ 主要 주요
- ☐ 商品 상품
- ☐ 早退 조퇴
- ☐ 直接 직접
- ☐ 転ぶ 구르다, 넘어지다
- ☐ 冷える 식다, 추워지다
- ☐ 回す 돌리다, 방향을 바꾸다
- ☐ 結ぶ 매다, 잇다, 맺다
- ☐ 燃える (불)타다
- ☐ 汚い 더럽다

2016

- ☐ 観客 관객
- ☐ 共通 공통
- ☐ 協力 협력

☐ 訓練 くんれん 훈련　　☐ 個人 こじん 개인　　☐ 税金 ぜいきん 세금

☐ 独立 どくりつ 독립　　☐ 到着 とうちゃく 도착　　☐ 方向 ほうこう 방향

☐ 豆 まめ 콩　　☐ 申し込み もうしこみ 신청　　☐ 従う したがう 따르다, 쫓다

☐ 折れる おれる 접히다, 부러지다　　☐ 加える くわえる 더하다, 가하다　　☐ 払う はらう 지불하다, 내다

☐ 丸い まるい 둥글다

2015

☐ 首 くび 목　　☐ 経営学 けいえいがく 경영학　　☐ 血液型 けつえきがた 혈액형

☐ 支給 しきゅう 지급　　☐ 想像 そうぞう 상상　　☐ 朝食 ちょうしょく 조식

☐ 荷物 にもつ 짐　　☐ 分類 ぶんるい 분류　　☐ 平均 へいきん 평균

☐ 変化 へんか 변화　　☐ 湖 みずうみ 호수　　☐ 表す あらわす 나타내다, 드러내다

☐ 伝える つたえる 전하다　　☐ 干す ほす 말리다　　☐ 汚れる よごれる 더러워지다

☐ 美しい うつくしい 아름답다

2014

☐ 相手 あいて 상대　　☐ 応用 おうよう 응용　　☐ 検査 けんさ 검사

☐ 広告 こうこく 광고　　☐ 呼吸 こきゅう 호흡　　☐ 自然 しぜん 자연

☐ 集中 しゅうちゅう 집중　　☐ 商業 しょうぎょう 상업　　☐ 食器 しょっき 식기

☐ 大会 たいかい 대회　　☐ 横 よこ 옆, 측면　　☐ 覚える おぼえる 기억하다, 느끼다

☐ 替える かえる 바꾸다, 교환하다　　☐ 割れる われる 갈라지다　　☐ 厚い あつい 두껍다

☐ 一般的 いっぱんてき 일반적

2013

☐ 改札 かいさつ 개찰　　☐ 各地 かくち 각지　　☐ 事情 じじょう 사정

☐ 実力 じつりょく 실력　　☐ 出張 しゅっちょう 출장　　☐ 席 せき 자리, 좌석

☐ 選手 せんしゅ 선수　　☐ 貯金 ちょきん 저금　　☐ 通知 つうち 통지, 알림

- □ 根 ね 뿌리
- □ 文章 ぶんしょう 문장
- □ 留守 るす 집을 비움(부재중)
- □ 生える はえる 나다, 돋다
- □ 笑う わらう 웃다
- □ 浅い あさい 얕다
- □ 苦しい くるしい 괴롭다, 난처하다

2012

- □ 合図 あいず 신호
- □ 汗 あせ 땀
- □ 以降 いこう 이후
- □ 笑顔 えがお 웃는 얼굴
- □ 横断 おうだん 횡단
- □ 完成 かんせい 완성
- □ 外科 げか 외과
- □ 島 しま 섬
- □ 卒業 そつぎょう 졸업
- □ 他人 たにん 타인
- □ 平日 へいじつ 평일
- □ 配る くばる 나누어주다
- □ 困る こまる 곤란하다
- □ 示す しめす 보이다, 가리키다
- □ 固い かたい 단단하다, 딱딱하다
- □ 短い みじかい 짧다

2011 · 2010

- □ 応募 おうぼ 응모
- □ 価格 かかく 가격
- □ 過去 かこ 과거
- □ 疑問 ぎもん 의문
- □ 協力 きょうりょく 협력
- □ 首都 しゅと 수도
- □ 情報 じょうほう 정보
- □ 単語 たんご 단어, 낱말
- □ 地球 ちきゅう 지구
- □ 到着 とうちゃく 도착
- □ 発表 はっぴょう 발표
- □ 表面 ひょうめん 표면, 겉
- □ 遅れる おくれる 늦다
- □ 折る おる 접다
- □ 返す かえす 되돌리다, 갚다
- □ 深い ふかい 깊다
- □ 息 いき 숨
- □ 岩 いわ 바위
- □ 空席 くうせき 빈자리, 공석
- □ 苦労 くろう 노고, 고생
- □ 件 けん 건, 사항
- □ 失業 しつぎょう 실업
- □ 順番 じゅんばん 순번, 차례
- □ 通勤 つうきん 통근
- □ 努力 どりょく 노력
- □ 発見 はっけん 발견
- □ 夫婦 ふうふ 부부
- □ 表す あらわす 나타내다, 드러내다
- □ 移す うつす 옮기다, 바꾸다
- □ 組む くむ 끼다, 꼬다
- □ 包む つつむ 감싸다, 포장하다
- □ 得意だ とくいだ 잘하다, 자신 있다

2019

- □ 理由 이유
- □ 島 섬
- □ 記念 기념
- □ 一般的(な) 일반적(인)
- □ 必ず 반드시
- □ 現れる 나타나다
- □ 最初 최초
- □ 停電 정전
- □ 訳す 번역하다
- □ 家具 가구
- □ 内側 안쪽
- □ 浅い 얕다

2018

- □ 週刊誌 주간지
- □ 続き 계속, 연속
- □ 熱心に 열심히
- □ 退院 퇴원
- □ 厚い 두껍다, 두텁다
- □ 出勤 출근
- □ 疲れ 피로
- □ 泣く 울다
- □ 複雑 복잡
- □ 当たる 맞다, 들어맞다
- □ 右折 우회전
- □ 帰宅 귀가

2017

- □ 関係 관계
- □ 期待 기대
- □ 教師 교사
- □ 経由 경유
- □ 坂道 비탈길, 고갯길
- □ 頭痛 두통
- □ 葉 잎
- □ 秒 초(시간 단위)
- □ 預ける 맡기다
- □ 困る 곤란하다
- □ 違う 다르다
- □ 飛ぶ 날다

2016

- □ 記録 기록
- □ 乗車 승차
- □ 成績 성적
- □ 波 파도, 물결
- □ 満足 만족
- □ 輸出 수출
- □ 組む 끼다, 꼬다
- □ 逃げる 도망치다, 달아나다
- □ 眠る 자다, 잠들다
- □ 回す 돌리다
- □ 焼く 굽다
- □ 早く 급히, 빨리

2015

- □ 楽器 악기
- □ 関心 관심
- □ 規則 규칙

☐ 欠点 결점, 단점	☐ 原因 원인	☐ 現在 현재
☐ 正解 정답, 해답	☐ 緑 녹색	☐ 借りる 빌리다
☐ 勤める 근무하다	☐ 投げる 던지다	☐ 願う 원하다, 바라다

2014 ~ 2010

☐ 温泉 온천	☐ 仮定 가정	☐ 欠席 결석
☐ 減少 감소	☐ 雑誌 잡지	☐ 注射 주사
☐ 複数 복수(둘 이상의 수)	☐ 移る 옮기다, 이동하다	☐ 消す 끄다
☐ 恋しい 그립다	☐ 細かい 잘다(작다), 상세하다	☐ 若い 젊다
☐ 残業 잔업	☐ 停電 정전	☐ 独身 독신
☐ 倍 배, 갑절	☐ 容器 용기	☐ 重ねる 쌓다, 포개다
☐ 貸す 빌려주다	☐ 信じる 믿다	☐ 疲れる 지치다, 피곤하다
☐ 包む 감싸다, 포장하다	☐ 逃げる 도망치다, 달아나다	☐ 遅い 늦다
☐ 帰宅 귀가	☐ 記録 기록	☐ 原料 원료
☐ 自信 자신	☐ 週刊誌 주간지	☐ 相談 상담
☐ 歯 치아, 이	☐ 復習 복습	☐ 温める 따뜻하게 하다
☐ 育てる 키우다, 기르다	☐ 守る 지키다	☐ 結ぶ 잇다, 매다
☐ 案内 안내	☐ 解決 해결	☐ 観光 관광
☐ 気温 기온	☐ 券 권, 표	☐ 健康 건강
☐ 現在 현재	☐ 自由 자유	☐ 大量 대량
☐ 涙 눈물	☐ 法律 법률	☐ 痛い 아프다
☐ 内側 안쪽, 내부	☐ 楽器 악기	☐ 血液 혈액
☐ 身長 신장	☐ 正常 정상	☐ 成績 성적
☐ 制服 제복	☐ 専門家 전문가	☐ 物語 이야기
☐ 追う 쫓다, 따르다	☐ 降りる 내리다	☐ 暮らす 살다, 하루를 보내다

問題1 ＿＿のことばの読み方として最もよいものを、1・2・3・4から一つえらびなさい。

1 この地図を書くには大変な努力を必要とした。

1 のりょく　　　　2 のうりょく　　3 どりょく　　　　4 どうりょく

2 商品を売るには包装が大切だ。

1 ほそう　　　　　2 ほぞう　　　　3 ほうそう　　　　4 ほうぞう

3 警察は5分後に現場に到着した。

1 とちゃく　　　　2 とうちゃく　　3 どちゃく　　　　4 どうちゃく

4 社員旅行は、沖縄に決定した。

1 けってい　　　　2 けいてい　　　3 げってい　　　　4 げいてい

5 住宅ローンを返すのは大変なことだ。

1 じゅたく　　　　2 しゅたく　　　3 じゅうたく　　　4 しゅうたく

6 木の枝が折れるほど強風が吹いている。

1 ごうふう　　　　2 こうふう　　　3 ぎょうふう　　　4 きょうふう

7 バスは交差点で停止した。

1 ていし　　　　　2 てし　　　　　3 ていじ　　　　　4 でじ

8 空港は「空の玄関」と言われている。

1 ぐこう　　　　　2 ぐうこう　　　3 くうこう　　　　4 くこう

9 暑いから、暖房を消してもいい。

1 だんぼう　　　　2 らんぼう　　　3 なんぼう　　　　4 まんぼう

10 東京は人口1,300万の大都市だ。

1 とし　　　　　　2 とうし　　　　3 どし　　　　　　4 どうし

問題1 ＿＿のことばの読み方として最もよいものを、1・2・3・4から一つえらびなさい。

1 アフリカの草原にさまざまな動物がいる。
1 そげん　　　2 そうげん　　　3 しょげん　　　4 しょうげん

2 計画を変更することにした。
1 へんこう　　　2 えんこう　　　3 はんこう　　　4 かんこう

3 風景を描写するのは難しい。
1 みょうしゃ　　　2 みょしゃ　　　3 びょうしゃ　　　4 びょしゃ

4 名前を呼ばれたら返事をしてください。
1 へんじ　　　2 はんじ　　　3 へんし　　　4 はんし

5 特定のボーイフレンドはいません。
1 とくてい　　　2 とってい　　　3 どくてい　　　4 どってい

6 地球は24時間に1回自転する。
1 じきゅう　　　2 にきゅう　　　3 ちきゅう　　　4 ぎきゅう

7 先輩の動作は軍人らしい。
1 どうさ　　　2 どうさい　　　3 どうさく　　　4 どうさつ

8 遅刻しそうな場合は、電話してください。
1 じこく　　　2 びこく　　　3 ちこく　　　4 りこく

9 通帳は母に預けている。
1 とうちょう　　　2 とうちょ　　　3 つうちょう　　　4 つうちょ

10 学習プログラムに参加する。
1 がくしゅ　　　2 がっしゅ　　　3 がくしゅう　　　4 がっしゅう

정답　　1②　　2①　　3③　　4①　　5①　　6③　　7①　　8③　　9③　　10③

問題1 ＿＿のことばの読み方として最もよいものを、1・2・3・4から一つえらびなさい。

1 まだまだ勝負は終わっていない。
  1 しょふ　　　　　2 しょうふ　　　　3 しょぶ　　　　　4 しょうぶ

2 週末の遊園地は家族連れでいっぱいだ。
  1 ゆいえんち　　　2 ゆうえんち　　　3 よいえんち　　　4 ようえんち

3 ゴミの収集は週3日行われる。
  1 しゅうしゅ　　　2 しゅうしゅう　　3 しゅしゅつ　　　4 しゅうしゅつ

4 収入の一部を貯金している。
  1 じょきん　　　　2 じょうきん　　　3 ちょきん　　　　4 ちょうきん

5 週末、植物園に行きませんか。
  1 しょくぶつ　　　2 しょくもつ　　　3 しょくもの　　　4 しょくぶん

6 明日の起床時間を教えてください。
  1 きしょう　　　　2 ぎしょう　　　　3 きそ　　　　　　4 ぎそ

7 会長は閉会のあいさつをされた。
  1 へいか　　　　　2 へいかい　　　　3 ぺいか　　　　　4 ぺいかい

8 あまり寒いので手足の感覚が無くなった。
  1 かんかく　　　　2 かんがく　　　　3 かんおく　　　　4 がんおく

9 重複している部分がないかよく確認してください。
  1 ちゅふく　　　　2 ちゅうふく　　　3 じゅふく　　　　4 じゅうふく

10 旅行会社の過失で飛行機の予約がされていなかった。
  1 かしつ　　　　　2 がしつ　　　　　3 かこ　　　　　　4 かこう

정답　　1④　　2②　　3②　　4③　　5①　　6①　　7②　　8①　　9④　　10①

問題1 ＿＿＿のことばの読み方として最もよいものを、1・2・3・4から一つえらびなさい。

1 駅のホームは帰省する人々でいっぱいだった。
　　1 きせい　　　　2 きしょう　　　3 きしゅう　　　4 きそう

2 カードの暗証番号は4桁です。
　　1 いんせい　　　2 あんせい　　　3 いんしょう　　　4 あんしょう

3 去年の売り上げはどのくらいですか。
　　1 きょねん　　　2 きょうねん　　3 さくねん　　　4 ざくねん

4 答案はペンで書きなさい。
　　1 とあん　　　　2 とうあん　　　3 かあん　　　　4 かいあん

5 チケットはまだ若干余っている。
　　1 じゃっかん　　2 やっかん　　　3 にゃかん　　　4 にゃっかん

6 車が3台ずつ並行して進んだ。
　　1 つうこう　　　2 へいこう　　　3 つうぎょう　　　4 へいぎょう

7 家は駅から徒歩10分ぐらいだ。
　　1 とほ　　　　　2 とぼ　　　　　3 とうほ　　　　4 とうぼ

8 この本は日本に関する知識を多く与えてくれる。
　　1 じしき　　　　2 ちしき　　　　3 じしょく　　　4 ちしょく

9 高速道路で低速で車を運転すると交通違反である。
　　1 でいそく　　　2 ていそく　　　3 ひくそく　　　4 びくそく

10 新入社員にコンピューターの研修が行われた。
　　1 けんしゅ　　　2 げんしゅ　　　3 けんしゅう　　　4 げんしゅう

정답	1①	2④	3①	4②	5①	6②	7①	8②	9②	10③

問題1 ＿＿＿のことばの読み方として最もよいものを、1・2・3・4から一つえらびなさい。

1 それは事実であることが確認された。

1 かくいん　　　2 かくかん　　　3 かくにん　　　4 かくはん

2 夜空の向こうには何があるだろう。

1 よそら　　　2 よぞら　　　3 よるそら　　　4 よるぞら

3 業績を伸ばすため必死で頑張っている。

1 きょせき　　　2 きょうせき　　　3 ぎょせき　　　4 ぎょうせき

4 最近、若者の犯罪が増えている。

1 はんさい　　　2 はんざい　　　3 はんせい　　　4 はんぜい

5 たった1度の失敗が、彼の人生を大きく変えた。

1 しつはい　　　2 しっぱい　　　3 しょうはい　　　4 しょっぱい

6 その絵は比較にならないほど素晴らしい。

1 ひこう　　　2 ひかく　　　3 びこう　　　4 びかく

7 日本語の単語をあまり知らない。

1 たんご　　　2 たんごう　　　3 だんご　　　4 だんごう

8 苦労をかけた妻に海外旅行をプレゼントした。

1 くろう　　　2 くうろう　　　3 ぐろう　　　4 ぐうろう

9 青少年の育成にもっと力を注ぐべきだ。

1 いくしょう　　　2 いくじょう　　　3 いくせい　　　4 いくぜい

10 彼は司会者に指名されて立ちあがった。

1 しみょう　　　2 じみょう　　　3 しめい　　　4 じめい

정답　　1③　　2②　　3④　　4②　　5②　　6②　　7①　　8①　　9③　　10③

問題1　＿＿＿のことばの読み方として最もよいものを、1・2・3・4から一つえらびなさい。

1 地震のため、留学生が昨年の３分の２に減少した。
1　かんしょ　　　2　がんしょう　　3　けんしょ　　　4　げんしょう

2 選手は監督が指示したとおりに動いた。
1　じし　　　　　2　しじ　　　　　3　しんざ　　　　4　ざしん

3 大統領は北朝鮮を正式に訪問した。
1　せいしき　　　2　せいじき　　　3　しょうしき　　4　しょうじき

4 費用がどれだけかかるか計算してみなさい。
1　かいさん　　　2　がいさん　　　3　けいさん　　　4　げいさん

5 駅から発車ベルの音が聞こえた。
1　はっしゃ　　　2　はつしゃ　　　3　はっさ　　　　4　はつさ

6 不景気で事業に失敗する人がけっこう多いらしい。
1　さぎょう　　　2　ざぎょう　　　3　しぎょう　　　4　じぎょう

7 飲酒運転をしてはいけない。
1　いんしゅ　　　2　いんしゅう　　3　いんじゅ　　　4　いんじゅう

8 雪でスリップして追突事故を起こした。
1　おいとつ　　　2　おうとつ　　　3　ついとつ　　　4　つうとつ

9 相手チームに勝つために守備を強化した。
1　しゅひ　　　　2　しゅうひ　　　3　しゅび　　　　4　しゅうび

10 電池が切れてしまった。
1　でんじ　　　　2　でんち　　　　3　でんぱ　　　　4　でんと

問題1 ＿＿のことばの読み方として最もよいものを、1・2・3・4から一つえらびなさい。

1 ライバル会社と売上高^{うりあげだか}を<u>競争</u>している。

    1 きそう　　　　　2 きょうそう　　3 きしょう　　　　4 きょうしょう

2 店員が休まずに<u>作業</u>している。

    1 さぎょう　　　　2 さくぎょう　　3 さつぎょう　　　4 ざんぎょう

3 就職^{しゅうしょく}の時は、女性が<u>差別</u>されることが多い。

    1 さべつ　　　　　2 しゃべつ　　　3 さへん　　　　　4 しゃへん

4 そのことなら十分<u>承知</u>しております。

    1 しょうち　　　　2 しょうじ　　　3 そうち　　　　　4 そうじ

5 卒業式の準備は<u>完了</u>した。

    1 かんりょ　　　　2 かんりょう　　3 がんりょ　　　　4 がんりょう

6 飲酒^{いんしゅ}運転は法律によって<u>禁止</u>されている。

    1 きんし　　　　　2 きんじ　　　　3 ぎんし　　　　　4 ぎんじ

7 申込書^{もうしこみしょ}にサインと名前を<u>記入</u>してください。

    1 きにゅう　　　　2 ぎにゅう　　　3 こうにゅう　　　4 ごうにゅう

8 いろいろつらい<u>経験</u>をしてきた。

    1 かいけん　　　　2 がいけん　　　3 けいけん　　　　4 げいけん

9 これは<u>省略</u>してもかまいません。

    1 しゅうやく　　　2 しょうやく　　3 しゅうりゃく　　4 しょうりゃく

10 上司^{じょうし}は彼の申^{もう}し出^でを<u>承諾</u>した。

    1 しゅうだく　　　2 しゅったく　　3 しょうだく　　　4 しょったく

問題1 _____のことばの読み方として最もよいものを、1・2・3・4から一つえらびなさい。

1 我が国はヨーロッパに軽自動車を輸出している。
1 ゆしゅつ　　　2 ゆうしゅつ　　　3 しゅしゅつ　　　4 しゅうしゅつ

2 不思議なことが連続して起こった。
1 れいそく　　　2 れいぞく　　　3 れんそく　　　4 れんぞく

3 一流画家の絵を展示する。
1 てんし　　　2 てんじ　　　3 でんし　　　4 でんじ

4 外国語で自分の気持ちを表現するのは簡単ではない。
1 ひょけん　　　2 ひょうけん　　　3 ひょげん　　　4 ひょうげん

5 締め切りまでに終えようと努力した。
1 どりょく　　　2 どうりょく　　　3 のりょく　　　4 のうりょく

6 急に雨が降り出したので試合を中止した。
1 ちゅうし　　　2 ちゅうじ　　　3 じゅうし　　　4 じゅうじ

7 兄弟はいつも比較されがちだ。
1 ひかう　　　2 ひこう　　　3 ひかく　　　4 ひこく

8 留学をあきらめるよう納得させた。
1 なっとく　　　2 なっどく　　　3 のうとく　　　4 のうどく

9 車は制限速度を２０キロ超過した。
1 ちょさ　　　2 ちょうさ　　　3 ちょか　　　4 ちょうか

10 割れるおそれがあるから、しっかり包装するように。
1 ほうそう　　　2 こうそう　　　3 ほうそく　　　4 こうぞく

問題1 _____ のことばの読み方として最もよいものを、1・2・3・4から一つえらびなさい。

1 自転車のタイヤの空気を入れておかないと。
　　1　こうき　　　　2　くうき　　　　3　こうけ　　　　4　くうけ

2 りんごは今が季節です。
　　1　きせつ　　　　2　ぎせつ　　　　3　きせい　　　　4　ぎせい

3 成田空港は日本の玄関だ。
　　1　けいかん　　　2　けんかん　　　3　げいかん　　　4　げんかん

4 こちらは水泳禁止区域です。
　　1　くいき　　　　2　くういき　　　3　くえき　　　　4　くうえき

5 今朝かなり大きな地震があった。
　　1　じしん　　　　2　ちしん　　　　3　そしん　　　　4　としん

6 あの人はいろんなことに興味を持つ人だ。
　　1　こうみ　　　　2　こうじ　　　　3　きょうみ　　　4　きょうじ

7 これは、私にとっていい機会だ。
　　1　きかい　　　　2　ぎかい　　　　3　きょかい　　　4　ぎょかい

8 医者にあと三ヶ月の寿命だと言われた。
　　1　じゅめい　　　2　じゅうめい　　3　じゅみょう　　4　じゅうみょう

9 この地域の植物の分布を調べてみた。
　　1　しょうもつ　　2　しょうぶつ　　3　しょくもつ　　4　しょくぶつ

10 あなたの血液型は何ですか。
　　1　ちえき　　　　2　じえき　　　　3　けつえき　　　4　げつえき

정답　　1②　　2①　　3④　　4①　　5①　　6③　　7①　　8③　　9④　　10③

問題1 ＿＿＿のことばの読み方として最もよいものを、1・2・3・4から一つえらびなさい。

1 一番好きな科目は数学だ。
　　1 しゅがく　　　2 しゅうがく　　3 すいがく　　　4 すうがく

2 冬に登山をすることは大変危険だ。
　　1 とさん　　　　2 とざん　　　　3 とうさん　　　4 とうざん

3 今日の出来事を日記につけた。
　　1 にっぎ　　　　2 にっき　　　　3 ひっぎ　　　　4 ひっき

4 この土地を開発するのは大変なことだ。
　　1 どじ　　　　　2 とじ　　　　　3 どち　　　　　4 とち

5 彼は友人があまり多いほうではない。
　　1 ゆうしん　　　2 ゆうじん　　　3 ゆうひと　　　4 ゆうびと

6 その先生はクラスの生徒みんなに人気があった。
　　1 せいと　　　　2 せいとう　　　3 せんと　　　　4 せんとう

7 風が強いのが、この地域の特色だ。
　　1 とくしょう　　2 とっしょう　　3 とくしょく　　4 とっしょく

8 駅の売店で新聞を買った。
　　1 ばいてん　　　2 まいてん　　　3 しょくてん　　4 まんてん

9 道路で遊んではいけない。
　　1 どろ　　　　　2 どろう　　　　3 どうろ　　　　4 どうろう

10 この電車は特急ですから、次の駅は止まらない。
　　1 とうきゅう　　2 どうきゅう　　3 とっきゅう　　4 どっきゅう

정답　　1④　　2②　　3②　　4④　　5②　　6①　　7③　　8①　　9③　　10③

問題1 ＿＿のことばの読み方として最もよいものを、1・2・3・4から一つえらびなさい。

1 東京で母といっしょに暮らしています。

1 くらして　　　　　2 かえらして　　3 へらして　　　　4 てらして

2 作るの大変だったんだから、ゆっくり味わって食べてね。

1 ことわって　　　　2 あじわって　　3 こわって　　　　4 さわって

3 友達を招いてパーティーを開いた。

1 えがいて　　　　　2 まねいて　　　3 うごいて　　　　4 かがやいて

4 弟は靴を脱がないで部屋に入った。

1 ぬがないで　　　　2 いそがないで　3 そそがないで　　4 のぞかないで

5 量が少ないですね。少し増やしたほうがいいですよ。

1 くらした　　　　　2 ためした　　　3 おそした　　　　4 ふやした

6 このシャツ、彼に似合いそうだね。

1 みあい　　　　　　2 にあい　　　　3 まにあい　　　　4 くみあい

7 電車の中で人に足を踏まれた。

1 すまれた　　　　　2 ふまれた　　　3 おくれた　　　　4 はなれた

8 私はこの絵に心を奪われてしまった。

1 とわれて　　　　　2 みまわれて　　3 うばわれて　　　4 さそわれて

9 焼いたばかりのパンは本当においしい。

1 かいた　　　　　　2 さいた　　　　3 たいた　　　　　4 やいた

10 手伝ってくれと頼まれたけど、時間がなくて断った。

1 しかった　　　　　2 ことわった　　3 おどった　　　　4 あまった

정답　　1①　　2②　　3②　　4①　　5④　　6②　　7②　　8③　　9④　　10②

問題1 ____のことばの読み方として最もよいものを、1・2・3・4から一つえらびなさい。

1 父はお客さんを迎えに空港へ行った。
　1　あたえに　　　2　むかえに　　　3　かんがえに　　　4　おぼえに

2 自分のミスを認めるのは難しい。
　1　つとめる　　　2　みとめる　　　3　すすめる　　　4　ながめる

3 隣に立っていた人が急に倒れた。
　1　つかれた　　　2　たおれた　　　3　はなれた　　　4　こわれた

4 春になると庭に花を植える人が多い。
　1　うえる　　　2　おえる　　　3　もえる　　　4　はえる

5 父は日本の会社に勤めている。
　1　みとめて　　　2　つとめて　　　3　たしかめて　　　4　ためて

6 コンビニでお弁当を温めてもらった。
　1　さめて　　　2　もとめて　　　3　あたためて　　　4　あつめて

7 警察が事故の原因を調べている。
　1　のべて　　　2　くらべて　　　3　ならべて　　　4　しらべて

8 今週末、先生のお宅を訪ねることにした。
　1　たずねる　　　2　かさねる　　　3　そこねる　　　4　ひねる

9 風邪を引いて鼻が詰まっている。
　1　きまって　　　2　こまって　　　3　つまって　　　4　だまって

10 作品に触らないでください。
　1　さわらないで　　2　つまらないで　　3　おどらないで　　4　まもらないで

問題1 _____ のことばの読み方として最もよいものを、1・2・3・4から一つえらびなさい。

1 外で子どもの声が聞こえます。
1 おと　　　　2 こえ　　　　3 はなし　　　　4 せい

2 山田さんは何を研究しているんですか。
1 けんきょう　　2 けんきゅう　　3 えんきょう　　4 えんきゅう

3 バスは何時に出発しますか。
1 しゅっばつ　　2 しゅっぱつ　　3 しゅばつ　　　4 ちゅばつ

4 ガソリンのねだんが下がりました。
1 さがり　　　　2 あがり　　　　3 かがり　　　　4 したがり

5 この豆はダイエットの効果があります。
1 こめ　　　　2 むぎ　　　　3 まめ　　　　4 こな

6 会社の主要な人物を紹介してもらった。
1 しゅよう　　2 しゅうよう　　3 じゅよう　　　4 じゅうよう

7 申し込みは来週までです。
1 もしくみ　　2 もしこみ　　3 もうしくみ　　4 もうしこみ

8 バラの枝が折れてしまいました。
1 われて　　　2 おれて　　　3 ぬれて　　　4 こわれて

9 この国は人口がふえています。
1 にんこう　　2 じんくち　　3 ひとくち　　4 じんこう

10 父は料理が得意だ。
1 とくい　　　2 とくぎ　　　3 とつい　　　4 とつぎ

정답　　1②　　2②　　3②　　4①　　5③　　6①　　7④　　8②　　9④　　10①

問題1 ＿＿＿のことばの読み方として最もよいものを、1・2・3・4から一つえらびなさい。

1 これは<u>大事</u>な本ですから、なくさないでください。
　　1 たいせつ　　　　2 たいじ　　　　3 だいせつ　　　　4 だいじ

2 きのうの<u>夕方</u>雨がふりました。
　　1 ゆうがた　　　　2 ゆうかた　　　　3 ゆうほう　　　　4 ゆうぼう

3 すみません、<u>頭</u>がいたいので今日は休みます。
　　1 かお　　　　　　2 あたま　　　　3 おなか　　　　　4 くび

4 <u>世界</u>旅行に行きたいです。
　　1 せいかい　　　　2 せいがい　　　　3 せかい　　　　　4 せがい

5 あしたは英語の<u>試験</u>があります。
　　1 しげん　　　　　2 しがん　　　　3 しけん　　　　　4 しかん

6 母は<u>台所</u>にいます。
　　1 たいところ　　　2 だいどころ　　　3 だいじょ　　　　4 たいしょ

7 この国は雨が<u>少ない</u>です。
　　1 ふらない　　　　2 すこない　　　3 すくない　　　　4 しょうない

8 この店は<u>毎月</u>10 日にセールをします。
　　1 まいけつ　　　　2 まいがつ　　　3 まいずき　　　　4 まいつき

9 この<u>荷物</u>はとなりの<u>部屋</u>に<u>運んで</u>ください。
　　1 はこんで　　　　2 えらんで　　　3 ならんで　　　　4 うんで

10 <u>年齢</u>に関係なく<u>応募</u>できます。
　　1 おうぼ　　　　　2 おうぼう　　　3 おうほ　　　　　4 おうほう

問題1 _____のことばの読み方として最もよいものを、1・2・3・4から一つえらびなさい。

1 あそこに人がたくさん<u>集まって</u>いますね。
1 とまって　　　　2 きまって　　　　3 あつまって　　　　4 つかまって

2 仕事から帰ると疲れて、<u>動けません</u>。
1 はたらけません　2 うごけません　3 あるけません　　　4 ひらけません

3 今会議を<u>行って</u>いますから、しずかにしてください。
1 いって　　　　　2 しって　　　　　3 やって　　　　　4 おこなって

4 私は先週から歯医者に<u>通って</u>います。
1 とおって　　　　2 かかって　　　　3 かよって　　　　4 いって

5 駅で友達と<u>別れました</u>。
1 わたれました　　2 われました　　　3 わかれました　　　4 わすれました

6 (タクシーで)
すみません。あそこで<u>止めて</u>ください。
1 とめて　　　　　2 しめて　　　　　3 きめて　　　　　4 ほめて

7 明日から<u>旅行</u>に行きます。
1 りょうこう　　　2 りょこう　　　　3 りゅうこう　　　　4 りゅこう

8 山田さんはじしんについて<u>研究</u>しています。
1 けんきゅう　　　2 けんきょう　　　3 かんきゅう　　　　4 かんきょう

9 ここに<u>住所</u>を書いてください。
1 じゅしょう　　　2 じゅうしょ　　　3 じゅしょ　　　　　4 じゅうしょう

10 あの店では、今アルバイトを<u>募集</u>している。
1 よしゅう　　　　2 ぼうしゅう　　　3 ようしゅう　　　　4 ぼしゅう

정답　　1③　　2②　　3④　　4③　　5③　　6①　　7②　　8①　　9②　　10④

問題1 ＿＿＿のことばの読み方として最もよいものを、1・2・3・4から一つえらびなさい。

1 今度の休みは、友達と出かける計画だ。
　　1 けかく　　　　2 けいかく　　　3 けがく　　　　　4 けいがく

2 昼になったら、雨がふってきた。
　　1 ひる　　　　　2 よる　　　　　3 あさ　　　　　　4 ごご

3 この国の人口は、30年で2ばいになった。
　　1 じんこ　　　　2 じんこう　　　3 にんこ　　　　　4 にんこう

4 よく、説明を聞いてから、始めてください。
　　1 せつめ　　　　2 えつめい　　　3 えつめ　　　　　4 せつめい

5 近所のスーパーに、買いものに行ってきた。
　　1 こんじょ　　　2 こんしょ　　　3 きんじょ　　　　4 きんしょ

6 私の家族はアメリカに住んでいます。
　　1 かじょく　　　2 かじょっく　　3 かぞく　　　　　4 かぞっく

7 天気が悪いので、野球大会は中止になった。
　　1 じゅうし　　　2 ちゅうし　　　3 ちゅし　　　　　4 じゅし

8 兄は、朝早くから働いています。
　　1 はたらいて　　2 あるいて　　　3 うごいて　　　　4 ふいて

9 来週の先生のご都合は、いかがですか。
　　1 とあい　　　　2 とごう　　　　3 つあい　　　　　4 つごう

10 数学は得意ですが、英語は苦手です。
　　1 くしゅ　　　　2 くうて　　　　3 にがしゅ　　　　4 にがて

정답　　1②　　2①　　3②　　4④　　5③　　6③　　7②　　8①　　9④　　10④

問題1 ＿＿のことばの読み方として最もよいものを、1・2・3・4から一つえらびなさい。

1 必要は<u>発明</u>の母という言葉は有名だ。
1 はっめい　　　2 ぱつめい　　　3 はつめい　　　4 ばつめい

2 手にクリームを<u>塗った</u>。
1 うつった　　　2 くばった　　　3 はった　　　4 ぬった

3 このスプーンは子どもにも持ちやすいように<u>工夫</u>されている。
1 くぶ　　　2 くふう　　　3 こうぶ　　　4 こうふう

4 その<u>袋</u>の中には、何が入っているのですか。
1 はこ　　　2 かご　　　3 かばん　　　4 ふくろ

5 兄はヨーロッパで、家具を作る<u>技術</u>を習っている。
1 ぎじゅつ　　　2 ぎいじゅつ　　　3 きじゅつ　　　4 きいじゅつ

6 どっちが大きいか、<u>比べて</u>みましょう。
1 くらべて　　　2 ならべて　　　3 しらべて　　　4 うかべて

7 この魚は<u>生</u>で食べられます。
1 いき　　　2 せい　　　3 なま　　　4 しょう

8 <u>地球</u>は丸い形をしている。
1 じぎゅう　　　2 ちぎゅう　　　3 じきゅう　　　4 ちきゅう

9 彼女に自分の気持ちを<u>伝えた</u>。
1 こたえた　　　2 つたえた　　　3 たたえた　　　4 かぞえた

10 ビールが足りないから、もう少し<u>追加</u>しましょう。
1 ついか　　　2 おいか　　　3 つうか　　　4 おうか

正답　　1③　　2④　　3②　　4④　　5①　　6①　　7③　　8④　　9②　　10①

확인문제 ①

1 이 지도를 그리기 위해서는 굉장한 <u>노력</u>을 필요로 했다.
2 상품을 팔기 위해서는 <u>포장</u>이 중요하다.
3 경찰은 5분 후에 현장에 <u>도착</u>했다.
4 사원 여행은 오키나와로 <u>결정</u>되었다.
5 <u>주택</u> 대출금을 상환하는 것은 힘든 일이다.
6 나뭇가지가 부러질 만큼 <u>강풍</u>이 불고 있다.
7 버스는 교차로에서 <u>정지</u>했다.
8 <u>공항</u>은 '하늘의 현관'이라고 불린다.
9 더우니까 <u>난방</u>을 꺼도 된다.
10 도쿄는 인구 1,300만의 <u>대도시</u>이다.

확인문제 ②

1 아프리카 <u>초원</u>에 다양한 동물이 있다.
2 계획을 <u>변경</u>하기로 했다.
3 풍경을 <u>묘사</u>하는 것은 어렵다.
4 이름이 불리면 <u>대답</u>해 주세요.
5 <u>특정</u>한 남자 친구는 없습니다.
6 <u>지구</u>는 24시간에 1번 자전한다.
7 선배의 <u>동작</u>은 군인답다.
8 <u>지각</u>할 것 같은 경우에는, 전화해 주세요.
9 <u>통장</u>은 어머니에게 맡기고 있다.
10 <u>학습</u> 프로그램에 참가하다.

확인문제 ③

1 아직 <u>승부</u>는 끝나지 않았다.
2 주말의 <u>놀이공원</u>은 가족 동반으로 가득하다.
3 쓰레기 <u>수집</u>은 주3일 실시한다.
4 수입의 일부를 <u>저금</u>하고 있다.
5 주말에 <u>식물원</u>에 가지 않겠습니까?
6 내일 <u>기상</u> 시간을 가르쳐 주세요.
7 회장님은 <u>폐회</u> 인사말을 하셨다.
8 너무나도 추워서 손발의 <u>감각</u>이 없어졌다.
9 <u>중복</u>된 부분이 없는지 잘 확인해 주세요.
10 여행사의 <u>과실</u>로 비행기 예약이 되어 있지 않았다.

확인문제 ④

1 역의 플랫폼은 <u>귀성</u>하는 사람들로 가득했다.
2 카드의 <u>비밀번호</u>는 4자리입니다.
3 <u>작년</u> 매출은 어느 정도입니까?
4 <u>답안</u>은 펜으로 적으시오.
5 티켓은 아직 <u>약간</u> 남아 있다.
6 차가 3대씩 <u>나란히</u>(병행하여) 나아갔다.
7 집은 역에서 <u>도보</u> 10분정도다.
8 이 책은 일본에 관한 <u>지식</u>을 많이 준다.
9 고속도로에서 <u>저속</u>으로 차를 운전하면 교통위반이다.
10 신입사원에게 컴퓨터 <u>연수</u>가 실시되었다.

확인문제 ⑤

1 그것이 사실인 것이 <u>확인</u>되었다.
2 <u>밤하늘</u>의 건너편에는 무엇이 있을까?
3 <u>실적</u>을 늘리기 위해 필사적으로 분발하고 있다.
4 최근 젊은이의 <u>범죄</u>가 늘고 있다.
5 단 한 번의 <u>실패</u>가 그의 인생을 크게 바꿨다.
6 그 그림은 <u>비교</u>가 되지 않을 만큼 훌륭하다.
7 일본어 <u>단어</u>를 그다지 알지 못한다.
8 <u>고생시킨</u> 아내에게 해외여행을 선물했다.
9 청소년 <u>육성</u>에 더욱 힘을 기울여야 한다.
10 그는 사회자에게 <u>지명</u>되어 자리에서 일어났다.

확인문제 ⑥

1 지진 때문에 유학생이 작년의 3분의 2로 <u>감소</u>했다.
2 선수는 감독이 <u>지시</u>한 대로 움직였다.
3 대통령은 북한을 <u>정식</u>으로 방문했다.
4 비용이 어느 정도 드는지 <u>계산</u>해 보시오.
5 역에서 <u>발차</u> 벨소리가 들렸다.
6 불경기로 사업에 실패하는 사람이 꽤 많은 것 같다.
7 <u>음주</u>운전을 해서는 안된다.
8 눈 때문에 미끄러져 <u>추돌</u>사고를 냈다.
9 상대팀에게 이기기 위해서 <u>수비</u>를 강화했다.
10 <u>건전지</u>가 다 되어 버렸다.

확인문제 7

1 라이벌 회사와 총 매상을 경쟁하고 있다.
2 점원이 쉬지 않고 작업을 하고 있다.
3 취직할 때는 여성이 차별당하는 경우가 많다.
4 그 일이라면 충분히 알고 있습니다.
5 졸업식 준비는 완료했다.
6 음주운전은 법률에 의해서 금지되어 있다.
7 신청서에 사인과 이름을 기입해 주세요.
8 여러 가지로 괴로운 경험을 해왔다.
9 이것은 생략해도 상관없습니다.
10 상사는 그의 제의를 승낙했다.

확인문제 8

1 우리나라는 유럽에 경자동차를 수출하고 있다.
2 신기한 일이 연속해서 일어났다.
3 일류 화가의 그림을 전시한다.
4 외국어로 자신의 기분을 표현하는 것은 간단하지 않다.
5 마감까지 끝내도록 노력했다.
6 갑자기 비가 와서 시합을 중지했다.
7 형제는 늘 비교되기 쉽다.
8 유학을 포기하도록 설득시켰다.
9 자동차는 제한속도를 20킬로 초과했다.
10 깨질 우려가 있으므로 확실하게 포장하도록.

확인문제 9

1 자전거 타이어의 공기를 넣어두어야지.
2 사과는 지금이 제철(계절)입니다.
3 나리타 공항은 일본의 현관이다.
4 이쪽은 수영 금지 구역입니다.
5 오늘 아침에 상당히 큰 지진이 있었다.
6 그는 다양한 것에 흥미를 가지는 사람이다.
7 이것은 나한테 좋은 기회다.
8 의사에게 앞으로 남은 수명이 세 달이라는 말을 들었다.
9 이 지역의 식물 분포를 조사해 봤다.
10 당신의 혈액형은 무엇입니까?

확인문제 10

1 가장 좋아하는 과목은 수학이다.
2 겨울에 등산을 하는 것은 매우 위험하다.
3 오늘 있었던 일을 일기에 썼다.
4 이 토지를 개발하는 것은 힘든 일이다.
5 그는 친구가 그다지 많은 편이 아니다.
6 그 선생님은 반 학생 모두에게 인기가 있었다.
7 바람이 센 것이 이 지역의 특색이다.
8 역 매점에서 신문을 샀다.
9 도로에서 놀아서는 안 된다.
10 이 전철은 특급이기 때문에, 다음 역에서는 서지 않는다.

확인문제 11

1 도쿄에서 엄마와 함께 살고 있습니다.
2 만드느라 힘들었으니까, 천천히 음미하면서 먹어.
3 친구를 초대해서 파티를 열었다.
4 남동생은 신발을 벗지 않고 방에 들어갔다.
5 양이 적네요. 조금 늘리는 편이 좋겠어요.
6 이 셔츠, 그에게 어울릴 것 같네.
7 전철 안에서 다른 사람에게 발을 밟혔다.
8 나는 이 그림에 마음을 빼앗기고 말았다.
9 막 구운 빵은 정말 맛있다.
10 도와달라는 부탁을 받았지만, 시간이 없어서 거절했다.

확인문제 12

1 아버지는 손님을 마중하러 공항에 갔다.
2 자기의 실수를 인정하는 것은 어렵다.
3 옆에 서있던 사람이 갑자기 쓰러졌다.
4 봄이 되면 마당에 꽃을 심는 사람이 많다.
5 아버지는 일본 회사에 근무하고 있다.
6 편의점에서 도시락을 데워 주었다.
7 경찰이 사고의 원인을 조사하고 있다.
8 이번 주말 선생님 댁을 방문하기로 했다.
9 감기에 걸려서 코가 막혔다.
10 작품에 손대지 마세요.

1 밖에서 아이들의 <u>목소리</u>가 들립니다.
2 야마다 씨는 무엇을 <u>연구</u>하고 있습니까?
3 버스는 몇 시에 <u>출발</u>합니까?
4 가솔린 가격이 <u>내려갔습니다</u>.
5 이 콩은 다이어트 효과가 있습니다.
6 회사의 <u>주요</u> 인물을 소개받았다.
7 <u>신청</u>은 다음 주까지입니다.
8 장미꽃의 가지가 <u>꺾여</u>버렸습니다.
9 이 나라는 <u>인구</u>가 늘고 있습니다.
10 아빠는 요리를 <u>잘한다</u>.

1 이것은 <u>아끼는</u> 책이니까 잃어버리지 마세요.
2 어제 <u>저녁</u>에 비가 왔습니다.
3 죄송합니다, <u>머리</u>가 아파서 오늘은 쉬겠습니다.
4 <u>세계</u> 여행을 가고 싶습니다.
5 내일은 영어 <u>시험</u>이 있습니다.
6 어머니는 <u>부엌</u>에 있습니다.
7 이 나라는 비가 <u>적게</u> 옵니다.
8 이 가게는 <u>매월</u> 10일에 세일을 합니다.
9 이 짐은 옆 방으로 <u>옮겨</u> 주세요.
10 연령에 관계없이 <u>응모</u>할 수 있습니다.

1 저기에 사람이 많이 <u>모여</u> 있네요.
2 직장에서 돌아오면 피곤해서 <u>움직일 수 없습니다</u>.
3 지금 회의를 <u>하고</u> 있으니까 조용히 해 주세요.
4 나는 지난 주부터 치과에 <u>다니고</u> 있습니다.
5 역에서 친구들과 <u>헤어졌습니다</u>.
6 (택시에서)저기요. 저기서 <u>세워</u> 주세요.
7 내일부터 <u>여행</u>을 갑니다.
8 야마다 씨는 지진에 관해서 <u>연구</u>하고 있습니다.
9 여기에 <u>주소</u>를 써 주세요.
10 그 가게에서는 지금 아르바이트를 <u>모집</u>하고 있다.

1 이번 휴가는 친구와 갈 <u>계획</u>이다.
2 <u>낮</u>이 되자 비가 내리기 시작했다.
3 이 나라의 <u>인구</u>는 30년에 두 배가 되었다.
4 제대로 <u>설명</u>을 듣고 나서 시작해 주세요.
5 <u>근처</u> 슈퍼마켓에 장을 보고 왔다.
6 저희 <u>가족</u>은 미국에 살고 있습니다.
7 날씨가 좋지 않아 야구대회는 <u>중지</u>되었다.
8 형은 아침 일찍부터 <u>일하고</u> 있습니다.
9 다음 주 선생님 <u>상황</u>은 어떻습니까?
10 수학은 잘 하지만, 영어는 <u>서툽니다</u>.

1 필요는 <u>발명</u>의 어머니라는 말은 유명하다.
2 손에 크림을 <u>발랐다</u>.
3 이 스푼은 아이들도 쥐기 편하도록 <u>고안</u>되어 있다.
4 그 <u>봉지</u> 안에는 무엇이 들어 있습니까?
5 형은 유럽에서 가구를 만드는 <u>기술</u>을 배우고 있다.
6 어느 쪽이 큰지 <u>비교</u>해 봅시다.
7 이 생선은 <u>날것</u>으로도 먹을 수 있습니다.
8 <u>지구</u>는 둥근 모양을 하고 있다.
9 그녀에게 자신의 마음을 <u>전했다</u>.
10 맥주가 부족하니까, 조금 더 <u>추가</u>합시다.

問題2 ＿＿のことばを漢字で書くとき、最もよいものを、1・2・3・4から一つえらびなさい。

1 この案はかいぎで決定された。
　　1 会義　　　　2 合義　　　　3 会議　　　　4 合議

2 新しいビルが今、けんせつ中です。
　　1 建設　　　　2 建役　　　　3 健設　　　　4 健役

3 うちの会社はろうどう時間が長い。
　　1 労動　　　　2 営動　　　　3 労働　　　　4 営働

4 ほうもん販売はお断りします。
　　1 訪門　　　　2 方門　　　　3 訪問　　　　4 方問

5 今年はざんしょが厳しかった。
　　1 残暑　　　　2 残所　　　　3 残署　　　　4 残書

6 1秒の差でゆうしょうをのがしてしまった。
　　1 憂勝　　　　2 憂賞　　　　3 優勝　　　　4 優賞

7 明日試験なので、としょかんで勉強することにした。
　　1 国書館　　　2 国所館　　　3 図書館　　　4 図所館

8 教育において視聴覚きょうざいは重要だ。
　　1 交材　　　　2 孝材　　　　3 効材　　　　4 教材

9 彼となかなかれんらくがつかない。
　　1 連絡　　　　2 追絡　　　　3 練絡　　　　4 綿絡

10 母がだいどころで夕飯の準備をしている。
　　1 大所　　　　2 太所　　　　3 台所　　　　4 第所

정답　　1③　　2①　　3③　　4③　　5①　　6③　　7③　　8④　　9①　　10③

56

問題2 ＿＿＿のことばを漢字で書くとき、最もよいものを、1・2・3・4から一つえらびなさい。

1 質問のへんじは明日までにお願いします。

1 反事　　　　2 仮事　　　　3 返事　　　　4 阪事

2 来月からこの科目_{かもく}をじゅこうするつもりです。

1 受講　　　　2 受議　　　　3 授講　　　　4 授議

3 彼の態度_{たいど}にはしつぼうするばかりだった。

1 矢望　　　　2 矢呈　　　　3 失望　　　　4 失呈

4 どうしてもぼうけんする気になれなかった。

1 冒倹　　　　2 冒検　　　　3 冒険　　　　4 冒剣

5 大雨のためバスのうんこうは中止_{ちゅうし}になった。

1 運行　　　　2 進行　　　　3 連行　　　　4 達行

6 彼は銀行員_{ぎんこういん}から教員_{きょういん}にてんしょくした。

1 転識　　　　2 変識　　　　3 転職　　　　4 変職

7 あの先生のこうぎは人気がある。

1 講我　　　　2 講義　　　　3 講儀　　　　4 講議

8 人の名前を覚えることが彼女のとくぎだ。

1 特技　　　　2 特役　　　　3 特枝　　　　4 特机

9 銀行の預金_{よきん}ざんだかを調べる。

1 浅高　　　　2 汗高　　　　3 列高　　　　4 残高

10 ここが事件のあったばしょだ。

1 場所　　　　2 易所　　　　3 揚所　　　　4 陽所

정답　　1③　　2①　　3③　　4③　　5①　　6③　　7②　　8①　　9④　　10①

問題2 _____ のことばを漢字で書くとき、最もよいものを、1・2・3・4から一つえらびなさい。

1 列車（れっしゃ）が事故でしばらく<u>ていしゃ</u>した。

　　1 亭車　　　　2 低車　　　　3 停車　　　　4 抵車

2 棚（たな）の上から何かが<u>らっか</u>した。

　　1 洛化　　　　2 洛下　　　　3 落化　　　　4 落下

3 アマゾンを<u>たんけん</u>するのが夢だ。

　　1 探剣　　　　2 探検　　　　3 採剣　　　　4 採険

4 受付は、昨日で<u>しゅうりょう</u>した。

　　1 終了　　　　2 週了　　　　3 収了　　　　4 過了

5 会議は来週<u>かいさい</u>されることになった。

　　1 関催　　　　2 関係　　　　3 開催　　　　4 開係

6 不動産（ふどうさん）の<u>ばいばい</u>が成立（せいりつ）した。

　　1 売買　　　　2 倍販　　　　3 買売　　　　4 販倍

7 <u>ひょうげん</u>の自由を侵（おか）してはいけない。

　　1 麦現　　　　2 麦見　　　　3 表現　　　　4 表見

8 <u>いぎ</u>のある仕事をしてみたい。

　　1 意義　　　　2 異義　　　　3 意議　　　　4 異議

9 彼女は世界旅行のために<u>ちょきん</u>をしている。

　　1 預金　　　　2 予金　　　　3 財金　　　　4 貯金

10 友達と学校まで<u>きょうそう</u>した。

　　1 競走　　　　2 競相　　　　3 競早　　　　4 競草

정답　1③　　2④　　3②　　4①　　5③　　6①　　7③　　8①　　9④　　10①

問題2　＿＿＿のことばを漢字で書くとき、最もよいものを、1・2・3・4から一つえらびなさい。

1　このケイタイは音声に<u>にんしき</u>ができる。
　　1　知識　　　　　　2　常識　　　　　3　認識　　　　　4　意識

2　習ったことは必ず<u>ふくしゅう</u>するように。
　　1　福習　　　　　　2　復習　　　　　3　副習　　　　　4　複習

3　ベトナムは<u>ぶっか</u>が安くて暮しやすいそうだ。
　　1　物価　　　　　　2　物値　　　　　3　払価　　　　　4　払値

4　<u>ちんたい</u>マンションに住んでいる。
　　1　賃代　　　　　　2　借代　　　　　3　賃貸　　　　　4　借貸

5　できることなら<u>しゃっきん</u>はしないほうがいい。
　　1　借金　　　　　　2　預金　　　　　3　貯金　　　　　4　送金

6　これは税金<ruby>税金<rt>ぜいきん</rt></ruby>を<u>こうりょ</u>した値段となっている。
　　1　配慮　　　　　　2　遠慮　　　　　3　考慮　　　　　4　思慮

7　祖父の財産<ruby>財産<rt>ざいさん</rt></ruby>を母校に<u>きふ</u>した。
　　1　添付　　　　　　2　送付　　　　　3　配付　　　　　4　寄付

8　委員会<ruby>委員会<rt>いいんかい</rt></ruby>は<u>ちょうさ</u>結果を発表した。
　　1　検査　　　　　　2　捜査　　　　　3　調査　　　　　4　審査

9　子どもを<u>ほうち</u>すると教育上よくない。
　　1　放直　　　　　　2　攻直　　　　　3　放置　　　　　4　攻置

10　パチンコは大衆的<ruby>大衆的<rt>たいしゅうてき</rt></ruby>な<u>ごらく</u>だ。
　　1　娯楽　　　　　　2　呉楽　　　　　3　誤楽　　　　　4　言楽

정답　　1③　　2②　　3①　　4③　　5①　　6③　　7④　　8③　　9③　　10①

問題2 ＿＿＿のことばを漢字で書くとき、最もよいものを、1・2・3・4から一つえらびなさい。

1 走行中、席をいどうしないでください。
そうこうちゅう
1 移動　　　　2 以動　　　　3 異動　　　　4 意動

2 私はITにきょうみがない。
1 興味　　　　2 興身　　　　3 興未　　　　4 興見

3 先生はいつもそうだんに乗ってくださる 。
1 冗談　　　　2 相談　　　　3 商談　　　　4 会談

4 近所にしんや営業をするレストランが出来た。
1 進夜　　　　2 新夜　　　　3 真夜　　　　4 深夜

5 日本は再び戦争にさんかすることはないだろう。
　　　　ふたた
1 参可　　　　2 参化　　　　3 参加　　　　4 参我

6 大学ではけいざいについて勉強するつもりだ。
1 経済　　　　2 径済　　　　3 軽済　　　　4 計済

7 このふきんには食堂がない。
1 布近　　　　2 不近　　　　3 付近　　　　4 普近

8 あの二人は長いこうさいの後、結婚した。
1 効祭　　　　2 交祭　　　　3 効際　　　　4 交際

9 その言葉はじしょに出ていなかった。
1 投書　　　　2 辞典　　　　3 辞書　　　　4 図書

10 このレストランはフロアがかいてんするようになっている。
1 回転　　　　2 会転　　　　3 解転　　　　4 階転

정답　　1①　　2①　　3②　　4④　　5③　　6①　　7③　　8④　　9③　　10①

問題2 ＿＿のことばを漢字で書くとき、最もよいものを、1・2・3・4から一つえらびなさい。

1 今年度の営業<ruby>えいぎょう</ruby>じっせきをあげるため努力<ruby>どりょく</ruby>する。
　1 実積　　2 実責　　3 実績　　4 実席

2 ここにぼうはんカメラを設置<ruby>せっち</ruby>してほしい。
　1 防犯　　2 放犯　　3 坊犯　　4 方犯

3 いつも無理なようきゅうばかりする。
　1 要求　　2 票求　　3 要救　　4 票救

4 彼女はかていの事情<ruby>じじょう</ruby>で学校をやめた。
　1 家廷　　2 家延　　3 家誕　　4 家庭

5 しょうたいを断<ruby>ことわ</ruby>る手紙を出した。
　1 招持　　2 紹持　　3 招待　　4 紹待

6 父は貿易会社にきんむしている。
　1 勤務　　2 近務　　3 緊務　　4 均務

7 毎年2月〜4月は卒業りょこうのシーズンだ。
　1 旅幸　　2 旅向　　3 旅行　　4 旅好

8 この機械はしよう方法が複雑だ。
　1 使養　　2 使容　　3 使要　　4 使用

9 交通事故にあったが、幸<ruby>さいわ</ruby>いにもけいしょうだった。
　1 軽症　　2 軽小　　3 軽傷　　4 軽少

10 彼女は高校の時すいえい選手<ruby>せんしゅ</ruby>だったそうだ。
　1 水泳　　2 水営　　3 水永　　4 水栄

정답　1③　2①　3①　4④　5③　6①　7③　8④　9③　10①

問題2 _____のことばを漢字で書くとき、最もよいものを、1・2・3・4から一つえらびなさい。

1 私は来週からこの大学でこうぎすることになっている。
　　1 講義　　　　　2 校義　　　　　3 講議　　　　　4 校議

2 血液けんさ（けつえき）の結果が出た。
　　1 倹査　　　　　2 険査　　　　　3 検査　　　　　4 剣査

3 今、大地震が起きたとかていして、あなたならどうしますか。
　　1 仮程　　　　　2 化定　　　　　3 化程　　　　　4 仮定

4 結婚する相手（あいて）をせんたくするのは難しい。
　　1 選沢　　　　　2 撰沢　　　　　3 選択　　　　　4 撰択

5 この工場では1日1,000台の車をせいぞうしている。
　　1 制造　　　　　2 整造　　　　　3 製造　　　　　4 成造

6 その件については両親とそうだんして決めるつもりだ。
　　1 相談　　　　　2 総談　　　　　3 走談　　　　　4 早談

7 核（かく）問題は簡単にしょりできない。
　　1 処理　　　　　2 緒理　　　　　3 拠理　　　　　4 諸理

8 アイドルはファンをいしきして行動（こうどう）する。
　　1 知識　　　　　2 意識　　　　　3 知職　　　　　4 意職

9 話のじゃまをしないでくれ。
　　1 邪摩　　　　　2 邪義　　　　　3 邪魔　　　　　4 邪問

10 彼は、そのやり方は間違（まちが）っているとこうぎした。
　　1 抗義　　　　　2 校義　　　　　3 抗議　　　　　4 校議

정답　　1①　　2③　　3④　　4③　　5③　　6①　　7①　　8②　　9③　　10③

問題2 ＿＿＿のことばを漢字で書くとき、最もよいものを、1・2・3・4から一つえらびなさい。

1 ただ今、かちょうは席を外しておりますが。

1 可長 　　　　2 化長 　　　　3 課長 　　　　4 加長

2 そこには10人のけいかんが立っていた。

1 警官 　　　　2 警管 　　　　3 驚官 　　　　4 驚管

3 あのしょくどうは客があまりいない。

1 食答 　　　　2 食党 　　　　3 食登 　　　　4 食堂

4 どんなざっしを購読していますか。

1 雑誌 　　　　2 雑志 　　　　3 雑紙 　　　　4 雑氏

5 10代後半は体重としんちょうが一番成長する時期だ。

1 身長 　　　　2 新長 　　　　3 身張 　　　　4 新張

6 国語じてんを借りに図書館へ行った。

1 辞転 　　　　2 辞展 　　　　3 辞点 　　　　4 辞典

7 大阪までの往復きっぷを2枚ください。

1 切付 　　　　2 切布 　　　　3 切符 　　　　4 切府

8 この学校はきそくが厳しい。

1 規則 　　　　2 規即 　　　　3 規側 　　　　4 規測

9 この会場でこくさい会議が開かれる予定です。

1 国祭 　　　　2 国催 　　　　3 国際 　　　　4 国裁

10 彼女は環境問題にかんしんを持っている。

1 感心 　　　　2 完心 　　　　3 関心 　　　　4 看心

정답　　1③　　2①　　3④　　4①　　5①　　6④　　7③　　8①　　9③　　10③

問題2 _____ のことばを漢字で書くとき、最もよいものを、1・2・3・4から一つえらびなさい。

1 それがうそであることは<u>じょうしき</u>で分かる。
1 常識 　　　　　 2 堂識 　　　　　 3 常職 　　　　　 4 堂職

2 こちらはお年寄り向けの電気<u>せいひん</u>です。
1 制品 　　　　　 2 成品 　　　　　 3 製品 　　　　　 4 正品

3 もっと<u>じょうけん</u>のいい会社に移ることにした。
1 条件 　　　　　 2 乗件 　　　　　 3 上件 　　　　　 4 情件

4 私たちには明るい<u>みらい</u>が待っている。
1 未来 　　　　　 2 美来 　　　　　 3 未来 　　　　　 4 希来

5 <u>ほうりつ</u>上、すべての人は平等^{びょうどう}である。
1 法律 　　　　　 2 法則 　　　　　 3 法津 　　　　　 4 法即

6 こんな大きな家なのに<u>やちん</u>は安い。
1 家貸 　　　　　 2 家資 　　　　　 3 家買 　　　　　 4 家賃

7 彼女は<u>にんぎょう</u>のようにかわいい。
1 人刑 　　　　　 2 人別 　　　　　 3 人形 　　　　　 4 人型

8 日本の<u>まんが</u>は面白い。
1 慢画 　　　　　 2 慢絵 　　　　　 3 漫画 　　　　　 4 漫絵

9 この店では、外国の車も<u>はんばい</u>しています。
1 販売 　　　　　 2 完売 　　　　　 3 発売 　　　　　 4 購売

10 今日、試験の<u>けっか</u>が発表される。
1 決課 　　　　　 2 結果 　　　　　 3 決果 　　　　　 4 結課

정답 　 1① 　 2③ 　 3① 　 4③ 　 5① 　 6④ 　 7③ 　 8③ 　 9① 　 10②

問題2　＿＿＿のことばを漢字で書くとき、最もよいものを、1・2・3・4から一つえらびなさい。

1 このデパートにはいい<u>しなもの</u>が多いと言われている。
1　品物　　　　2　本物　　　　3　買物　　　　4　食物

2 電車の中で<u>いねむり</u>をしたら、首が痛くなってしまった。
1　居寝り　　　2　居休り　　　3　居眠り　　　4　居息り

3 <u>きって</u>を買いに郵便局に行った。
1　切手　　　　2　着手　　　　3　切符　　　　4　着符

4 この<u>たてもの</u>は100年前に建てられたそうだ。
1　立物　　　　2　起物　　　　3　建物　　　　4　座物

5 昨日食べた<u>さしみ</u>は本当においしかった。
1　寿身　　　　2　切身　　　　3　魚身　　　　4　刺身

6 母はいつも<u>だいどころ</u>で何かを作っている。
1　台所　　　　2　第所　　　　3　大所　　　　4　代台

7 昨日<u>てちょう</u>をどこかに落とした。
1　手帳　　　　2　手張　　　　3　手紙　　　　4　手終

8 私は数学が<u>にがて</u>です。
1　苦出　　　　2　若出　　　　3　苦手　　　　4　若手

9 夕ご飯のあと、<u>いま</u>でお茶を飲んだ。
1　入間　　　　2　人間　　　　3　居間　　　　4　届間

10 昨日遅くまでテレビを見ていたせいで今日は<u>あさねぼう</u>してしまった。
1　朝寝坊　　　2　朝根坊　　　3　朝眠坊　　　4　朝値坊

정답　　1①　　2③　　3①　　4③　　5④　　6①　　7①　　8③　　9③　　10①

問題2 ＿＿＿のことばを漢字で書くとき、最もよいものを、1・2・3・4から一つえらびなさい。

1 最近のテレビ<u>ばんぐみ</u>は本当に面白い。
1 番組　　　　　2 番狙　　　　　3 晩組　　　　　4 晩狙

2 カレンダーの<u>みほん</u>を送ってもらった。
1 観本　　　　　2 教本　　　　　3 見本　　　　　4 試本

3 朝から探していた財布が<u>ひきだし</u>の中にあった。
1 引き出し　　　2 置き出し　　　3 押き出し　　　4 机き出し

4 分からないことがあったので、<u>といあわせ</u>の電話をした。
1 答い合わせ　　2 話い合わせ　　3 聞い合わせ　　4 問い合わせ

5 旅行に行ったときに、<u>おみやげ</u>を買ってきた。
1 土産　　　　　2 贈物　　　　　3 見産　　　　　4 買物

6 <u>やね</u>の上にかわいい小鳥がいる。
1 屋根　　　　　2 家値　　　　　3 屋寝　　　　　4 家寝

7 プールに行くために<u>みずぎ</u>を買った。
1 水起　　　　　2 水帰　　　　　3 水着　　　　　4 水期

8 小包を<u>ふなびん</u>で送った。
1 船硬　　　　　2 船乗　　　　　3 船便　　　　　4 船郵

9 新しく引っ越した家には<u>ものおき</u>がなくて不便だ。
1 勿置　　　　　2 品置　　　　　3 物置　　　　　4 者置

10 友達が入院している病院に<u>おみまい</u>に行った。
1 見舞い　　　　2 見習い　　　　3 見合い　　　　4 見違い

정답　　1①　　2③　　3①　　4④　　5①　　6①　　7③　　8③　　9③　　10①

問題2 ＿＿＿のことばを漢字で書くとき、最もよいものを、1・2・3・4から一つえらびなさい。

1 すみません。この席あいていますか。
　　1 空いて　　　　　2 消いて　　　　3 開いて　　　　4 残いて

2 ひどい風邪で試験がうけられなかった。
　　1 受けられ　　　2 習けられ　　　3 授けられ　　　4 持けられ

3 お会計はもうすみましたか。
　（かいけい）
　　1 計みました　　2 終みました　　3 済みました　　4 払みました

4 車を運転する時は決まったルールにしたがわなければならない。
　　1 迷わなければ　2 従わなければ　3 規わなければ　4 則わなければ

5 この店は珍しいものをたくさんあつかっている。
　　1 及って　　　　2 集って　　　　3 扱って　　　　4 売って

6 うちの犬には一日3回えさをあたえています。
　　1 与えて　　　　2 投えて　　　　3 得えて　　　　4 受えて

7 最近夜ぐっすり寝られなくてなやんでいる。
　　1 悩んで　　　　2 脳んで　　　　3 憎んで　　　　4 苦んで

8 弟が新しいカメラをこわしてしまった。
　　1 失して　　　　2 汚して　　　　3 忘して　　　　4 壊して

9 もう夜があけてきました。
　　1 開けて　　　　2 始けて　　　　3 明けて　　　　4 光けて

10 レポートを書くために資料をあつめています。
　　1 集めて　　　　2 求めて　　　　3 進めて　　　　4 収めて

정답　　1①　　2①　　3③　　4②　　5③　　6①　　7①　　8④　　9③　　10①

問題2 ＿＿＿のことばを漢字で書くとき、最もよいものを、1・2・3・4から一つえらびなさい。

1 大事にしていた皿が<u>われて</u>しまった。
　　1 離れて　　　　　2 切れて　　　　3 割れて　　　　4 別れて

2 いつの間にか赤ちゃんが<u>ねむって</u>いた。
　　1 暇って　　　　　2 寝て　　　　　3 体って　　　　4 眠って

3 子どもたちがボールを<u>なげて</u>遊んでいる。
　　1 投げて　　　　　2 役げて　　　　3 殴げて　　　　4 設げて

4 昨日は姉の家に<u>とまった</u>。
　　1 迫まった　　　　2 運まった　　　3 泊まった　　　4 通まった

5 話が面白くて時間が<u>たつ</u>のも忘れて聞いていた。
　　1 経つ　　　　　　2 建つ　　　　　3 過つ　　　　　4 進つ

6 <ruby>夜空<rt>よぞら</rt></ruby>を<u>ながめて</u>いたら、急に涙が出てきた。
　　1 挑めて　　　　　2 持めて　　　　3 眺めて　　　　4 眠めて

7 次の信号を<u>わたる</u>と右側に学校があります。
　　1 渡る　　　　　　2 通る　　　　　3 減る　　　　　4 返る

8 ここから20分くらい<u>はなれた</u>ところにうちの会社があります。
　　1 難れた　　　　　2 別れた　　　　3 外れた　　　　4 離れた

9 この内容は大事だからよく<u>おぼえて</u>おいてください。
　　1 覚えて　　　　　2 教えて　　　　3 思えて　　　　4 考えて

10 明日出発の飛行機の時間をもう一度<u>たしかめて</u>ください。
　　1 調かめて　　　　2 認かめて　　　3 研かめて　　　4 確かめて

問題2 ＿＿のことばを漢字で書くとき、最もよいものを、1・2・3・4から一つえらびなさい。

1 この映画はつまらなくて<u>たいくつだ</u>。
　1　退屈だ　　　　　2　追屈だ　　　　　3　退遅だ　　　　　4　追遅だ

2 このケーキは<u>ふしぎな</u>味がする。
　1　不思義な　　　　2　不志義な　　　　3　不思議な　　　　4　不志議な

3 彼女は<u>まじめな</u>顔で話している。
　1　問面目　　　　　2　間面目な　　　　3　具面目な　　　　4　真面目な

4 歯が<u>いたくて</u>歯医者に行った。
　1　通くて　　　　　2　病くて　　　　　3　痛くて　　　　　4　熱くて

5 学生たちは<u>ねむい</u>顔をして授業を聞いている。
　1　眠い　　　　　　2　寝い　　　　　　3　暇い　　　　　　4　体い

6 この国は自動車産業が<u>さかんだ</u>。
　1　盛んだ　　　　　2　生んだ　　　　　3　成んだ　　　　　4　発んだ

7 一人で歩いている時、転んでしまってとても<u>はずかしかった</u>。
　1　恥ずかしかった　　　　　　2　図ずかしかった
　3　痛ずかしかった　　　　　　4　苦ずかしかった

8 <u>したしい</u>友達がいなくてさびしい。
　1　楽しい　　　　　2　激しい　　　　　3　親しい　　　　　4　詳しい

9 彼は話し方がとても<u>ていねいだ</u>。
　1　正寧だ　　　　　2　重寧だ　　　　　3　丁寧だ　　　　　4　真寧だ

10 その話の<u>こまかい</u>ことまでは分かりません。
　1　細かい　　　　　2　詳しい　　　　　3　軽かい　　　　　4　深かい

問題2 ＿＿＿のことばを漢字で書くとき、最もよいものを、1・2・3・4から一つえらびなさい。

1 父は銀行で<u>はたらい</u>ています。
　　1 動いて　　　　2 重いて　　　　3 働いて　　　　4 勤いて

2 このへやはちょっと<u>くらい</u>ですね。
　　1 黒い　　　　　2 暗い　　　　　3 高い　　　　　4 悪い

3 夫婦が腕を<u>くん</u>で歩いている。
　　1 組んで　　　　2 踏んで　　　　3 積んで　　　　4 編んで

4 私は香港_{ほんこん}を<u>けいゆ</u>してタイに行きます。
　　1 径由　　　　　2 茎由　　　　　3 経由　　　　　4 軽由

5 秋になると緑色だった木の<u>は</u>が赤や黄色になる。
　　1 草　　　　　　2 根　　　　　　3 枝　　　　　　4 葉

6 夢の中できれいな<u>なみ</u>を見ました。
　　1 涙　　　　　　2 港　　　　　　3 波　　　　　　4 池

7 2日間<u>ずつう</u>が続くような場合は念のため病院へ行きましょう。
　　1 頭痛　　　　　2 頭病　　　　　3 歯痛　　　　　4 歯病

8 ほら、鳥が<u>そら</u>をとんでいるよ。
　　1 星　　　　　　2 雲　　　　　　3 天　　　　　　4 空

9 ホテルのロビーに荷物を<u>あずけて</u>、食事に出かけました。
　　1 届けて　　　　2 避ける　　　　3 受けて　　　　4 預けて

10 わたしはリーさんにかさを<u>かし</u>ました。
　　1 返し　　　　　2 借し　　　　　3 貸し　　　　　4 代し

정답　　1③　　2②　　3①　　4③　　5④　　6③　　7①　　8④　　9④　　10③

問題2 ＿＿＿のことばを漢字で書くとき、最もよいものを、1・2・3・4から一つえらびなさい。

1 駅のひがしに公園があります。

1 東　　　　2 西　　　　3 南　　　　4 北

2 最近、わかいお母さんは子供のしつけがとても甘い。

1 若い　　　2 苦い　　　3 賢い　　　4 偉い

3 喫茶店でコーヒーをちゅうもんした。

1 注問　　　2 注文　　　3 柱問　　　4 柱文

4 東京までのおうふくの切符を買った。

1 住複　　　2 住復　　　3 往複　　　4 往復

5 楽しい時間は、すぐにすぎてしまう。

1 過ぎて　　2 経ぎて　　3 越ぎて　　4 去ぎて

6 大学を卒業して、会社にしゅうしょくした。

1 就織　　　2 就職　　　3 修織　　　4 修職

7 結婚するにはあいてが必要だ。

1 会手　　　2 合手　　　3 相手　　　4 愛手

8 きのうは、友達の家にとまりに行きました。

1 宿まり　　2 止まり　　3 泊まり　　4 留まり

9 田中さんは、いっしょうけんめいどりょくして栄養士の資格を取った。

1 労力　　　2 努力　　　3 度力　　　4 動力

10 父は、弟をつれて、公園に出かけた。

1 釣れて　　2 共れて　　3 連れて　　4 同れて

問題2 _____のことばを漢字で書くとき、最もよいものを、1・2・3・4から一つえらびなさい。

1 この本は図書館でかりた本です。
　　1 貸りた　　　　　2 借りた　　　　3 変りた　　　　4 送りた

2 お金がたりなくて、買えませんでした。
　　1 足りなくて　　　2 少りなくて　　3 正りなくて　　4 短りなくて

3 山田さんは去年家をたてました。
　　1 健てました　　　2 建てました　　3 立てました　　4 位てました

4 このアパートはお風呂がなくて、ふべんです。
　　1 否使　　　　　　2 否便　　　　　3 不使　　　　　4 不便

5 ようじがあるので、ちょっと出かけます。
　　1 有事　　　　　　2 用事　　　　　3 要事　　　　　4 行事

6 友達は病気でにゅういんしています。
　　1 住院　　　　　　2 入院　　　　　3 住園　　　　　4 入園

7 この荷物をあちらの部屋にはこんでください。
　　1 転んで　　　　　2 動んで　　　　3 通んで　　　　4 運んで

8 山に登るなら、ちずを必ず持っていきましょう。
　　1 場図　　　　　　2 土図　　　　　3 地図　　　　　4 池図

9 とてもさむいので、エアコンをつけましょう。
　　1 冬い　　　　　　2 寒い　　　　　3 冷い　　　　　4 低い

10 田中さんのお姉さんは、有名なしょうせつかです。
　　1 小書家　　　　　2 少説家　　　　3 小説家　　　　4 小話家

정답	1②	2①	3②	4④	5②	6②	7④	8③	9②	10③

확인문제 ①

1 이 안건은 <u>회의</u>에서 결정되었다.
2 새로운 빌딩이 지금 <u>건설</u> 중입니다.
3 우리 회사는 <u>노동</u> 시간이 길다.
4 방문판매는 거절합니다.
5 올해는 <u>늦더위</u>가 혹독했다.
6 1초 차로 <u>우승</u>을 놓치고 말았다.
7 내일 시험이라서 <u>도서관</u>에서 공부하기로 했다.
8 교육에 있어서 시청각 <u>교재</u>는 중요하다.
9 그와 좀처럼 <u>연락</u>이 안 된다.
10 엄마가 <u>부엌</u>에서 저녁 식사 준비를 하고 있다.

확인문제 ②

1 질문의 <u>대답</u>은 내일까지 부탁하겠습니다.
2 다음 달부터 이 과목을 <u>수강</u>할 계획입니다.
3 그의 태도에는 <u>실망</u>할 뿐이었다.
4 아무래도 <u>모험</u>할 마음이 들지 않았다.
5 폭우 때문에 버스 <u>운행</u>은 중지 되었다.
6 그는 은행원에서 교원으로 <u>전직</u>했다.
7 그 선생님의 <u>강의</u>는 인기가 있다.
8 사람의 이름을 기억하는 것이 그녀의 <u>특기</u>다.
9 은행 예금 <u>잔액</u>을 조사하다.
10 여기가 사건이 있었던 <u>장소</u>이다.

확인문제 ③

1 열차가 사고로 잠시 <u>정차</u>했다.
2 선반 위에서 무언가가 <u>낙하</u>했다 (떨어졌다).
3 아마존을 <u>탐험</u>하는 것이 꿈이다.
4 접수는 어제로 <u>종료</u>됐다.
5 회의는 다음 주에 <u>개최</u>하게 되었다.
6 부동산 <u>매매</u>가 성립되었다.
7 <u>표현</u>의 자유를 침해해서는 안 된다.
8 <u>의의</u>가 있는 일을 해 보고 싶다.
9 그녀는 세계 여행을 위해서 <u>저금</u>을 하고 있다.
10 친구와 학교까지 <u>경주</u>했다.

확인문제 ④

1 이 휴대전화는 음성<u>인식</u>이 된다.
2 배운 것은 반드시 <u>복습</u>하도록.
3 베트남은 <u>물가</u>가 싸서 살기 좋다고 한다.
4 <u>임대</u>아파트에 살고 있다.
5 될 수 있으면 <u>빚</u>은 안 지는 게 좋다.
6 이것은 세금을 <u>고려</u>한 가격으로 되어 있다.
7 할아버지의 재산을 모교에 <u>기부</u>했다.
8 위원회는 <u>조사</u> 결과를 발표했다.
9 아이를 <u>방치</u>하면 교육상 좋지 않다.
10 파친코(슬롯 머신)는 대중적인 오락이다.

확인문제 ⑤

1 주행 중, 자리를 <u>이동</u>하지 말아 주세요.
2 나는 IT에 <u>관심</u>이 없다.
3 선생님은 항상 <u>상담</u>에 응해 주신다.
4 근처에 <u>심야</u> 영업을 하는 레스토랑이 생겼다.
5 일본은 다시 전쟁에 <u>참가</u>하는 일은 없을 것이다.
6 대학에서는 <u>경제</u>에 관해서 공부할 생각이다.
7 이 <u>근처</u>에는 식당이 없다.
8 그 두 사람은 오랜 <u>교제</u> 끝에 결혼했다.
9 그 말은 <u>사전</u>에 나와 있지 않았다.
10 이 레스토랑은 플로어가 <u>회전</u>하게 되어 있다.

확인문제 ⑥

1 금년도 영업 <u>실적</u>을 올리기 위해 노력한다.
2 이곳에 <u>방범</u>카메라를 설치해 주길 원한다.
3 늘 무리한 <u>요구</u>만 한다.
4 그녀는 <u>가정</u> 사정으로 학교를 그만두었다.
5 <u>초대</u>를 거절하는 편지를 보냈다.
6 아버지는 무역회사에 근무하고 있다.
7 매년 2월~4월은 졸업<u>여행</u>철이다.
8 이 기계는 <u>사용</u>방법이 복잡하다.
9 교통사고를 당했지만, 다행히 <u>크게 다치지는(경상)</u> 않았다.
10 그녀는 고등학교 때 <u>수영</u>선수였다고 한다.

확인문제 ❼

1 나는 다음 주부터 이 대학에서 <u>강의</u>하기로 되어 있다.
2 <u>혈액검사</u> 결과가 나왔다.
3 지금 대지진이 일어났다고 <u>가정</u>하고, 당신이라면 어떻게 하겠습니까?
4 결혼할 상대를 <u>선택</u>하는 것은 어렵다.
5 이 공장에서는 하루에 1,000대의 차를 <u>제조</u>하고 있다.
6 그 건에 관해서는 부모님과 <u>상담</u>해서 결정할 생각이다.
7 핵 문제는 간단하게 <u>처리</u>할 수 없다.
8 아이돌은 팬을 <u>의식</u>해서 행동한다.
9 이야기하는데 <u>방해</u>를 하지 마라.
10 그는 그 방법은 잘못됐다고 <u>항의</u>했다.

확인문제 ❽

1 지금 <u>과장</u>님은 자리를 비우셨습니다만.
2 그곳에는 10명의 <u>경관</u>이 서 있었다.
3 저 <u>식당</u>은 손님이 별로 없다.
4 어떤 <u>잡지</u>를 구독하고 있습니까?
5 10대 후반은 체중과 <u>신장</u>이 가장 성장하는 시기다.
6 국어<u>사전</u>을 빌리러 도서관에 갔다.
7 오사카까지 <u>왕복표</u>를 두 장 주세요.
8 이 학교는 <u>규칙</u>이 엄하다.
9 이 회장에서 <u>국제회의</u>가 열릴 예정입니다.
10 그녀는 환경문제에 <u>관심</u>을 가지고 있다.

확인문제 ❾

1 그것이 거짓말인 것은 <u>상식</u>으로 알 수 있다.
2 이것은 노인용 전기<u>제품</u>입니다.
3 <u>조건</u>이 더 좋은 회사로 옮기기로 했다.
4 우리들에게는 밝은 <u>미래</u>가 기다리고 있다.
5 <u>법률</u>상 모든 사람은 평등하다.
6 이렇게 큰 집인데 <u>집세</u>는 싸다.
7 그녀는 <u>인형</u>처럼 귀엽다.
8 일본의 <u>만화</u>는 재미있다.
9 이 가게에서는 외국차도 <u>판매</u>하고 있습니다.
10 오늘 시험 <u>결과</u>가 발표된다.

확인문제 ❿

1 이 백화점에는 좋은 <u>물건</u>이 많다고 한다.
2 전철 안에서 <u>졸았</u>더니 목이 아프다.
3 <u>우표</u>를 사러 우체국에 갔다.
4 이 <u>건물</u>은 100년 전에 세워졌다고 한다.
5 어제 먹은 <u>회</u>는 정말로 맛있었다.
6 엄마는 항상 <u>부엌</u>에서 무언가를 만들고 있다.
7 어제 <u>수첩</u>을 어딘가에 떨어뜨렸다.
8 나는 수학을 <u>못</u>합니다.
9 저녁 식사 후에 <u>거실</u>에서 차를 마셨다.
10 어제 늦게까지 텔레비전을 보는 바람에 오늘은 <u>늦잠</u>을 자 버렸다.

확인문제 ⓫

1 요즘 텔레비전 <u>프로그램</u>은 정말로 재미있다.
2 달력 <u>견본</u>을 (보내) 받았다.
3 아침부터 찾고 있던 지갑이 <u>서랍</u> 안에 있었다.
4 모르는 것이 있어서 <u>문의</u> 전화를 했다.
5 여행을 갔다 올 때에 <u>기념품</u>을 사왔다.
6 <u>지붕</u> 위에 귀여운 작은 새가 있다.
7 수영장에 가기 위해서 <u>수영복</u>을 샀다.
8 소포를 <u>배편</u>으로 보냈다.
9 새롭게 이사한 집에는 물건 놓을 곳이 없어서 불편하다.
10 친구가 입원해 있는 병원에 <u>병문안</u> 하러 갔다.

확인문제 ⓬

1 실례합니다. 이 자리 <u>비어</u> 있습니까?
2 심한 감기로 시험을 <u>치를 수</u> 없었다.
3 계산은 벌써 <u>끝났</u>습니까?
4 차를 운전할 때는 정해진 규칙에 <u>따라야</u> 한다.
5 이 가게는 희귀한 물건을 많이 <u>취급</u>하고 있다.
6 우리 집 개한테는 하루에 세 번 먹이를 <u>주고</u> 있습니다.
7 요즘 밤에 푹 자지 못해서 <u>고생하고</u> 있다.
8 남동생이 새 카메라를 <u>망가뜨리고</u> 말았다.
9 벌써 날이 <u>밝아오기</u> 시작했습니다.
10 리포트를 쓰기 위해 자료를 <u>모으고</u> 있습니다.

1 아끼던 접시가 깨지고 말았다.
2 어느샌가 아기가 잠들어 있었다.
3 아이들이 공을 던지며 놀고 있다.
4 어제는 언니 집에 묵었다.
5 이야기가 재미있어서 시간이 가는 것도 잊고 듣고 있었다.
6 밤하늘을 바라보고 있으니 갑자기 눈물이 났다.
7 다음 신호를 건너면 오른쪽에 학교가 있습니다.
8 여기서 20분 정도 떨어진 곳에 우리 회사가 있습니다.
9 이 내용은 중요하니까, 잘 기억해 두세요.
10 내일 출발하는 비행기 시간을 다시 한 번 확인해 주세요.

1 이 영화는 재미없고 지루하다.
2 이 케이크는 색다른 맛이 난다.
3 그녀는 진지한 얼굴로 이야기하고 있다.
4 이가 아파서 치과에 갔다.
5 학생들은 졸린 얼굴을 하고 수업을 듣고 있다.
6 이 나라는 자동차 산업이 번성했다.
7 혼자서 걷고 있을 때 넘어져서 정말 창피했다.
8 친한 친구가 없어서 외롭다.
9 그는 말투가 아주 정중하다.
10 그 이야기는 자세한 것까지는 모릅니다.

1 아버지는 은행에서 일하고 있습니다.
2 이 방은 좀 어둡군요.
3 부부가 팔짱을 끼고 걷고 있다.
4 나는 홍콩을 경유해서 태국에 갑니다.
5 가을이 되면 녹색이었던 나뭇잎이 빨강이나 노란색이 된다.
6 꿈속에서 예쁜 파도를 봤습니다.
7 이틀간 두통이 계속될 경우에는 만약을 위해 병원에 갑시다.
8 저기 봐, 새가 하늘을 날고 있어.
9 호텔 로비에 짐을 맡기고 식사를 하러 갔습니다.
10 저는 리 씨에게 우산을 빌려주었습니다

1 역 동쪽에 공원이 있습니다.
2 최근 젊은 엄마들의 가정교육은 매우 무르다.
3 찻집에서 커피를 주문했다.
4 도쿄까지의 왕복표를 샀다.
5 즐거운 시간은 금방 지나가 버린다.
6 대학을 졸업하고 회사에 취직했다.
7 결혼하기 위해서는 상대가 필요하다.
8 어제는 친구 집에 자러 갔습니다.
9 다나카 씨는 열심히 노력해서 영양사 자격을 땄다.
10 아버지는 남동생을 데리고 공원에 갔다.

1 이 책은 도서관에서 빌린 책입니다.
2 돈이 부족해서 살 수 없었습니다.
3 야마다 씨는 작년에 집을 지었습니다.
4 이 아파트는 욕조가 없어서 불편합니다.
5 볼일이 있어서 잠깐 나갑니다.
6 친구는 병으로 입원해 있습니다.
7 이 짐을 저쪽 방으로 옮겨 주세요.
8 산에 오르려면 지도를 반드시 가지고 갑시다.
9 많이 추우니까 에어컨(히터)을 켭시다.
10 다나카 씨의 누나는 유명한 소설가입니다.

問題3 ▶ 문맥규정

문제유형 | **문맥규정(11문항)**

문맥에 맞는 어휘를 골라서 괄호 안에 넣는 문제이다. 단어의 의미를 잘 알아야 쉽게
풀 수 있다.

例

問題3 (　　　　) に入れるのに最もよいものを、1・2・3・4から1つ
えらびなさい。

15 会議は来週に(　　　　)になった。
　　1 時期　　　　　2 延期　　　　　3 制限　　　　　4 期限

| 15 | ①●③④ |

포인트

〈問題3 문맥규정〉에서는 동작성 명사, 동사, 음독명사가 각각 2문항씩, 형용사, 부사, 의
태어,외래어가 각각 1문항씩 출제된다. 그 밖에도 훈독명사, 접미어 · 접두어, 복합동사
중에서 1문항이 출제된다.
한자 문제는 〈問題1〉과 〈問題2〉에서 끝나지만, 「試験(시험)」이나 「合格(합격)」 등의 한
자어는 어휘문제인 문제 3~5에 걸쳐서 고르게 출제된다.
〈問題3〉에서는 한자를 정확하게 읽거나 쓰지는 못해도 한자의 뜻만큼은 정확히 알아
두는 공부가 중요하다.

학습요령

초급(N4)에서 중급으로 가는 길목(N3)에는 생소한 어휘가 많이 나온다. 동작성 명사와
음독 명사 등의 한자어와 친해지도록 하자.

76

학습포인트

〈問題3 문맥규정〉에서는 한자읽기, 표기 영역보다 여러 품사들이 골고루 출제가 된다. 동작성 명사, 동사, 음독명사를 기본으로 형용사, 부사, 의태어, 외래어도 1문제씩 출제된다. 그 외에 훈독명사, 접미어·접두어, 복합동사 중에서 한 문제가 출제된다. 출제예상 1순위 어휘는 동작성 명사부터 시작한다. 〈問題3 문맥규정〉에서 등장하는 한자어는 읽기와 쓰기보다는 의미에 집중하며 학습하길 바란다.

동작성 명사

※어휘 옆 숫자는 기출년도입니다.

□ 握手 악수 _{あくしゅ}	□ 暗記 암기 (10, 13年) _{あんき}	□ 安心 안심 _{あんしん}
□ 安定 안정 _{あんてい}	□ 案内 안내 (12年) _{あんない}	□ 意識 의식 _{いしき}
□ 移転 이전 _{いてん}	□ 移動 이동 _{いどう}	□ 違反 위반 _{いはん}
□ 右折 우회전 (18年) _{うせつ}	□ 運転 운전 _{うんてん}	□ 影響 영향 (11年) _{えいきょう}
□ 延期 연기 (16, 18年) _{えんき}	□ 演奏 연주 (15年) _{えんそう}	□ 遠慮 사양, 꺼림 _{えんりょ}
□ 応援 응원 (12年) _{おうえん}	□ 横断 횡단 (12, 16年) _{おうだん}	□ 応募 응모 (11年) _{おうぼ}
□ 応用 응용 (14年) _{おうよう}	□ 解決 해결 (11年) _{かいけつ}	□ 外出 외출 _{がいしゅつ}
□ 外食 외식 (12年) _{がいしょく}	□ 開発 개발 _{かいはつ}	□ 学習 학습 _{がくしゅう}
□ 確認 확인 _{かくにん}	□ 合成 합성 (14年) _{ごうせい}	□ 活動 활동 (13, 18年) _{かつどう}
□ 活躍 활약 _{かつやく}	□ 仮定 가정 _{かてい}	□ 我慢 참음, 견딤 (14年) _{がまん}
□ 観光 관광 (11年) _{かんこう}	□ 観察 관찰 (15年) _{かんさつ}	□ 感謝 감사 _{かんしゃ}
□ 完成 완성 (12年) _{かんせい}	□ 乾燥 건조 (18年) _{かんそう}	□ 感動 감동 (10年) _{かんどう}
□ 乾杯 건배 _{かんぱい}	□ 看病 간병 _{かんびょう}	□ 管理 관리 _{かんり}
□ 完了 완료 _{かんりょう}	□ 記憶 기억 _{きおく}	□ 期待 기대 _{きたい}
□ 帰宅 귀가 (12, 18年) _{きたく}	□ 記入 기입 _{きにゅう}	□ 記念 기념 (14年) _{きねん}
□ 休学 휴학 _{きゅうがく}	□ 供給 공급 _{きょうきゅう}	□ 競争 경쟁 _{きょうそう}
□ 協力 협력 (11, 16, 17年) _{きょうりょく}	□ 許可 허가 _{きょか}	□ 記録 기록 (12年) _{きろく}
□ 禁止 금지 _{きんし}	□ 緊張 긴장 (12年) _{きんちょう}	□ 勤務 근무 _{きんむ}

□ 区別 くべつ 구별 (18年)	□ 訓練 くんれん 훈련
□ 経営 けいえい 경영 (15, 18年)	□ 計画 けいかく 계획
□ 経験 けいけん 경험	□ 計算 けいさん 계산
□ 契約 けいやく 계약	□ 軽油 けいゆ 경유
□ 化粧 けしょう 화장	□ 決定 けってい 결정
□ 研究 けんきゅう 연구	□ 検査 けんさ 검사
□ 研修 けんしゅう 연수	□ 建設 けんせつ 건설
□ 建築 けんちく 건축 (18年)	□ 見物 けんぶつ 구경
□ 交換 こうかん 교환 (14年)	□ 講義 こうぎ 강의
□ 抗議 こうぎ 항의	□ 工事 こうじ 공사
□ 行動 こうどう 행동	□ 興奮 こうふん 흥분
□ 交流 こうりゅう 교류	□ 呼吸 こきゅう 호흡
□ 故障 こしょう 고장	□ 骨折 こっせつ 골절
□ 混雑 こんざつ 혼잡 (10年)	□ 作業 さぎょう 작업
□ 削除 さくじょ 삭제	□ 差別 さべつ 차별
□ 参加 さんか 참가	□ 残業 ざんぎょう 잔업 (13年)
□ 撮影 さつえい 촬영	□ 散歩 さんぽ 산책
□ 司会 しかい 사회	□ 支給 しきゅう 지급 (15年)
□ 試験 しけん 시험	□ 指示 しじ 지시 (11年)
□ 試着 しちゃく 시착(착용해 봄)	□ 失敗 しっぱい 실패
□ 質問 しつもん 질문	□ 指定 してい 지정
□ 指導 しどう 지도 (14, 18年)	□ 支配 しはい 지배
□ 死亡 しぼう 사망	□ 邪魔 じゃま 방해
□ 収穫 しゅうかく 수확	□ 就職 しゅうしょく 취직

□ 渋滞 ^{じゅうたい} 정체 (13, 15년)	□ 集中 ^{しゅうちゅう} 집중
□ 充電 ^{じゅうでん} 충전	□ 修理 ^{しゅうり} 수리 (10, 15년)
□ 終了 ^{しゅうりょう} 종료	□ 宿泊 ^{しゅくはく} 숙박
□ 受験 ^{じゅけん} 수험	□ 手術 ^{しゅじゅつ} 수술 (17년)
□ 主張 ^{しゅちょう} 주장 (11년)	□ 出勤 ^{しゅっきん} 출근 (18년)
□ 出国 ^{しゅっこく} 출국	□ 出場 ^{しゅつじょう} 출전
□ 出席 ^{しゅっせき} 출석	□ 出張 ^{しゅっちょう} 출장 (11, 16년)
□ 出発 ^{しゅっぱつ} 출발	□ 使用 ^{しよう} 사용
□ 紹介 ^{しょうかい} 소개	□ 承諾 ^{しょうだく} 승낙
□ 承知 ^{しょうち} 승낙	□ 衝突 ^{しょうとつ} 충돌
□ 消費 ^{しょうひ} 소비 (16년)	□ 省略 ^{しょうりゃく} 생략
□ 食事 ^{しょくじ} 식사	□ 処置 ^{しょち} 처치
□ 処理 ^{しょり} 처리	□ 進学 ^{しんがく} 진학
□ 進行 ^{しんこう} 진행	□ 診察 ^{しんさつ} 진찰
□ 申請 ^{しんせい} 신청 (17년)	□ 進歩 ^{しんぽ} 진보 (13년)
□ 成功 ^{せいこう} 성공	□ 制作 ^{せいさく} 제작
□ 生産 ^{せいさん} 생산	□ 製造 ^{せいぞう} 제조
□ 成長 ^{せいちょう} 성장	□ 整理 ^{せいり} 정리 (11, 12년)
□ 説明 ^{せつめい} 설명	□ 節約 ^{せつやく} 절약
□ 世話 ^{せわ} 돌봄	□ 専攻 ^{せんこう} 전공
□ 洗濯 ^{せんたく} 세탁	□ 選択 ^{せんたく} 선택
□ 宣伝 ^{せんでん} 선전	□ 創作 ^{そうさく} 창조
□ 掃除 ^{そうじ} 청소	□ 想像 ^{そうぞう} 상상 (12, 15, 18년)
□ 早退 ^{そうたい} 조퇴 (13, 17년)	□ 相談 ^{そうだん} 상담 (12년)

□ 卒業 졸업 (12년)	□ 尊敬 존경
□ 退院 퇴원(18년)	□ 代表 대표
□ 担当 담당	□ 注意 주의
□ 中止 중지	□ 駐車 주차
□ 注文 주문 (13년)	□ 超過 초과
□ 調査 조사 (19년)	□ 調節 조절
□ 治療 치료	□ 追加 추가
□ 通学 통학	□ 通訳 통역 (19년)
□ 提出 제출	□ 徹夜 철야
□ 伝言 전언	□ 展示 전시
□ 同封 동봉	□ 登場 등장
□ 登録 등록	□ 独立 독립 (16년)
□ 努力 노력	□ 納得 납득
□ 入学 입학	□ 入場 입장
□ 入力 입력	□ 寝坊 늦잠
□ 配達 배달 (15년)	□ 拍手 박수
□ 発見 발견 (10년)	□ 発車 발차
□ 発生 발생 (13, 19년)	□ 発展 발전 (14, 18년)
□ 発売 발매	□ 発表 발표 (11, 15년)
□ 反省 반성	□ 反対 반대
□ 販売 판매	□ 比較 비교
□ 表現 표현	□ 分類 분류 (15, 17년)
□ 変化 변화 (15년)	□ 変更 변경
□ 返事 답장, 내답	□ 返信 납신

□ 報告 보고 　□ 放送 방송

□ 包装 포장 　□ 訪問 방문 (12년)

□ 募集 모집 (12, 16년) 　□ 保存 보존

□ 翻訳 번역 (12년) 　□ 満足 만족 (16년)

□ 無視 무 　□ 命令 명령 (18년)

□ 面接 면접 　□ 約束 약속

□ 輸出 수출 (16년) 　□ 輸入 수입

□ 用意 준비 　□ 予習 예습

□ 予防 예방 　□ 理解 이해

□ 留学 유학 　□ 流行 유행 (16년)

□ 利用 이용 　□ 両替 환전

□ 冷凍 냉동 　□ 練習 연습 (18년)

□ 連続 연속 　□ 連絡 연락

ナ형용사

□ 明らかな 뚜렷한, 분명한	□ あいまいな 애매한
□ 新たな 새로운	□ 意外な 의외의, 뜻밖의 (18年)
□ おしゃれな 멋진	□ かわいそうな 가여운, 불쌍한
□ 完全な 완전한	□ 基本的な 기본적인
□ 気楽な 편안한, 홀가분한	□ けちな 인색한, 초라한
□ 国際的な 국제적인	□ 幸いな 다행인
□ 盛んな 번성한 (15, 18年)	□ 様々な 다양한
□ さわやかな 시원한, 산뜻한	□ 残念な 유감스러운, 안타까운
□ 幸せな 행복한	□ 地味な 수수한
□ 重大な 중대한 (18年)	□ 重要な 중요한
□ 純粋な 순수한	□ 消極的な 소극적인
□ 丈夫な 튼튼한	□ 正直な 정직한 (11年)
□ 真剣な 진지한	□ 新鮮な 신선한 (15年)
□ 慎重な 신중한	□ 素敵な 멋진
□ 素直な 솔직한, 순진한, 고분고분한	□ 正確な 정확한
□ 清潔な 청결한 (11, 15年)	□ ぜいたくな 비싼, 사치스러운
□ 積極的な 적극적인 (14年)	□ 退屈な 지루한 (18年)
□ 平らな 평평한	□ 短気な 성미가 급한 (10, 15年)
□ 単純な 단순한 (10年)	□ 丁寧な 정중한
□ 適当な 적당한	□ 得意な 잘하는, 자신 있는 (10, 15, 18年)
□ なだらかだ 완만한, 원활한 (10年)	□ 賑やかな 번화한, 활기찬
□ のんきな 느긋한	□ 不安な 불안한 (13, 19年)
□ 複雑な 복잡한 (11, 18年)	□ 不思議な 불가사의한, 신기한

☐ 不親切な 불친절한	☐ 平凡な 평범한
☐ 平和な 평화로운	☐ 真面目な 성실한
☐ 無駄な 쓸데없는	☐ 迷惑な 민폐인
☐ 面倒な 귀찮은	☐ 楽な 편한 (11年)
☐ 乱暴な 난폭한	☐ 立派な 훌륭한 (10年)
☐ わがままな 버릇없는, 제멋대로인	

イ형용사

☐ 浅い 얕다 (13, 19年)	☐ 甘い 달다
☐ 怪しい 수상하다	☐ 暖かい (날씨가) 따뜻하다
☐ 温かい (음식·물의 온도·마음 등이) 따뜻하다	☐ 暑い 덥다
☐ 熱い 뜨겁다	☐ 厚い 두껍다 (14, 18年)
☐ 危ない 위험하다	☐ ありがたい 고맙다
☐ 痛い 아프다 (11年)	☐ 薄い 얇다, 흐리다
☐ うらやましい 부럽다	☐ 嬉しい 기쁘다
☐ 偉い 훌륭하다 (16年)	☐ 多い 많다
☐ 幼い 어리다	☐ 惜しい 아깝다 (16年)
☐ 遅い 늦다 (19年)	☐ 恐ろしい 무섭다 (11年)
☐ 大人しい 얌전하다	☐ 重い 무겁다
☐ 面白い 재미있다	☐ 賢い 현명하다
☐ かっこいい 멋지다	☐ かゆい 가렵다
☐ 汚い 지저분하다 (17年)	☐ きつい 고되다, 꼭 끼다 (10, 14, 18年)
☐ 厳しい 엄하다, 심하다	☐ 臭い (나쁜) 냄새가 나다
☐ くだらない 시시하다	☐ 悔しい 분하다 (14年)
☐ 苦しい 괴롭다 (13, 17年)	☐ 暗い 어둡다

□ 詳(くわ)しい 상세하다	□ 険(けわ)しい 험하다
□ 恋(こい)しい 그립다 (14, 18年)	□ 細(こま)かい 자세하다, 상세하다 (14年)
□ 怖(こわ)い 무섭다 (11年)	□ 寂(さび)しい 쓸쓸하다, 외롭다
□ 塩辛(しおから)い 짜다	□ 親(した)しい 친하다 (15, 19年)
□ しつこい 집요하다, 끈질기다 (12年)	□ 酸(す)っぱい 시다
□ 鋭(するど)い 날카롭다	□ 狭(せま)い 좁다
□ 楽(たの)しい 즐겁다	□ だるい 나른하다 (13年)
□ 近(ちか)い 가깝다	□ つまらない 재미없다
□ 冷(つめ)たい 차갑다	□ 懐(なつ)かしい 그립다 (12年)
□ 短(みじか)い 짧다 (12年)	□ 鈍(にぶ)い 둔하다
□ 温(ぬる)い 미지근하다	□ 眠(ねむ)い 졸리다
□ 激(はげ)しい 심하다, 과격하다	□ 恥(は)ずかしい 부끄럽다
□ 低(ひく)い 높이가 낮다	□ 広(ひろ)い 넓다
□ 深(ふか)い 깊다 (11年)	□ 太(ふと)い 굵다
□ 貧(まず)しい 가난하다 (10年)	□ 眩(まぶ)しい 눈부시다 (12, 17年)
□ 丸(まる)い 둥글다 (16年)	□ 蒸(む)し暑(あつ)い 무덥다
□ 易(やさ)しい 쉽다	□ 優(やさ)しい 상냥하다, 우아하다, 온화하다

부사

□ 相変(あいか)わらず 변함없이 (15年)	□ 改(あらた)めて 새삼스럽게, 다시
□ あらゆる 온갖 모든 (17年)	□ 意外(いがい)に 뜻밖에
□ いきなり 갑자기, 별안간	□ 一度(いちど)に 한꺼번에, 단번에
□ いつの間(ま)にか 어느새	□ 今(いま)にも 당장이라도
□ 主(おも)に 주로 (13年)	□ 思(おも)わず 엉겁결에, 뜻하지 않게

☐ 勝手に 멋대로, 마음대로	☐ かなり 제법, 상당히
☐ きちんと 깔끔히, 정확히	☐ 急に 갑자기 (16年)
☐ 偶然 우연히 (18年)	☐ 結局 결국
☐ 結構 꽤, 제법, 상당히	☐ さっそく 즉시 (11, 19年)
☐ ざっと 대충	☐ じっと 가만히, 지그시
☐ 自然に 자연스럽게	☐ 次第に 차츰, 점점 (15年)
☐ しっかり 확실히, 제대로, 단단히 (11, 18年)	☐ 実は 실은, 사실은
☐ しばしば 자주, 여러 번	☐ しばらく 잠깐, 당분간 (10年)
☐ 徐々に 서서히	☐ ずいぶん 대단히, 몹시 (17年)
☐ 少なくとも 적어도	☐ 少しずつ 조금씩, 차근차근 (15年)
☐ すっかり 죄다, 모두	☐ ずっと 훨씬, 매우, 쭉
☐ すべて 전부, 모두 (15年)	☐ 全然 전혀, 완전히 (16年)
☐ 絶対に 절대로 (12, 17年)	☐ だいたい 대체로, 대략, 대강 (17年)
☐ たいてい 대게, 대부분	☐ だいぶ 상당히, 어지간히
☐ 確かに 확실히 (18年)	☐ たまたま 가끔, 우연히
☐ たまに 어쩌다가, 가끔	☐ つい 바로, 무심결에, 그만
☐ ついに 마침내	☐ 常に 늘, 항상, 언제나
☐ できれば 가능하면	☐ とうとう 마침내
☐ 突然 갑자기 (13年)	☐ とにかく 어쨌든, 하여간
☐ なるべく 가능한 한 (13年)	☐ 早く 급히, 빨리 (16年)
☐ 早めに 일찌감치, 빨리 (10年)	☐ ぴったり 딱
☐ 別々 따로따로, 제각기 (13年)	☐ ますます 점점
☐ まったく 전혀, 완전히 (16年)	☐ 自ら 스스로
☐ めったに〜ない 좀처럼 〜않다	☐ もしかしたら 어쩌면
☐ やっと 겨우, 가까스로 (18年)	☐ わざと 일부러

〈問題3〉 문맥규정에 자주 등장하는 어휘

□ 仕事に飽きる 일이 싫증나다 (14年)	□ 穴が空く 구멍이 나다
□ 油で揚げる 기름으로 튀기다	□ 荷物を預ける 짐을 맡기다 (15, 17年)
□ 宝くじに当たる 복권에 당첨되다 (18年)	□ 水があふれる 물이 넘치다 (18年)
□ 力を合わせる 힘을 합치다 (11年)	□ 冗談を言う 농담을 하다
□ 書類を受け取る 서류를 수취하다 (17年)	□ 印象を受ける 인상을 받다 (14年)
□ 試験を受ける 시험을 보다	□ 心を奪われる 마음을 빼앗기다
□ 音がおかしい 소리가 이상하다 (13年)	□ 事故が起こる 사고가 일어나다
□ 判子を押す 도장을 찍다	□ 気持ちが落ち着く 기분이 가라앉다 (10, 19年)
□ 単位を落とす 학점을 따지 못하다	□ 海におぼれる 바다에 빠지다 (13年)
□ ギャンブルにおぼれる 갬블(도박)에 빠지다	□ お金を下ろす 돈을 찾다, 인출하다
□ 犬を飼う 개를 키우다	□ 病気にかかる 병에 걸리다 (11年)
□ 汗をかく 땀을 흘리다	□ においを嗅ぐ 냄새를 맡다
□ カバーをかける 커버를 씌우다	□ 掃除機をかける 청소기를 돌리다
□ お金をかせぐ 돈을 벌다	□ 草を刈る 풀을 자르다
□ 花が枯れる 꽃이 시들다 (12, 17年)	□ のどが渇く 목이 마르다 (13年)
□ 薬が効く 약이 효과가 있다	□ 野菜を刻む 채소를 디지다
□ ズボンがきつい 바지가 꼭 끼다	□ 気が付く 알아차리다
□ 気に入る 마음에 들다 (12年)	□ 気にする 걱정하다(마음에 두다)
□ 気になる 걱정되다(마음에 걸리다)	□ 口が堅い 입이 무겁다
□ 首になる 해고되다	□ コーヒーをこぼす 커피를 쏟다 (13年)
□ 目を覚ます 눈뜨다, 잠에서 깨다	□ 目が覚める 잠이 깨다 (14年)
□ 日が沈む 해가 지다 (16年)	□ 代金を支払う 대금을 지불하다 (12年)
□ ひもでしばる 끈으로 묶다 (10年)	□ かばんの中にしまう 가방 속에 넣다 (10年)
□ 席が空いている 자리가 비어 있다	□ 電車が空いている 전철이 비어 있다

□ 時計をセットする 시계를 맞추어 놓다 (12年)　　□ お湯を注ぐ 뜨거운 물을 붓다

□ ひげをそる 수염을 깎다　　□ ご飯を炊く 밥을 짓다

□ セーターをたたむ 스웨터를 개다 (13年)　　□ 時間が経つ 시간이 지나다 (13年)

□ 調子が悪い 컨디션이 나쁘다 (13年)　　□ 部屋を散らかす 방을 어지르다

□ ぞうきんをしぼる 걸레를 짜다 (18年)　　□ 都合が悪い 형편이 나쁘다

□ 目を閉じている 눈을 감고 있다 (13年)　　□ ホテルに泊まる 호텔에 묵다

□ 単位を取る 학점을 따다　　□ ニュースが流れる 뉴스가 나오다 (11年)

□ ベルを鳴らす 벨을 울리다　　□ 列に並ぶ 줄을 서다 (17年)

□ 肩を並べる 어깨를 나란히 하다　　□ ワインのせんを抜く 와인 뚜껑을 따다

□ ぐっすり寝る 푹 자다　　□ 締め切りを延ばす 마감을 연장하다

□ ほうきで掃く 빗자루로 쓸다　　□ ボタンが外れる 단추가 떨어지다

□ 仕事を引き受ける 일을 맡다 (13, 17年)　　□ ハンカチを拾う 손수건을 줍다

□ テーブルを拭く 테이블을 닦다 (17年)　　□ ぶつかる 부딪치다, 충돌하다 (14年)

□ 手をふる 손을 흔들다 (12年)　　□ 犬が吠える 개가 짖다 (19年)

□ 洗濯物を干す 빨래를 말리다 (15年)　　□ 意見をまとめる 의견을 정리하다

□ 締め切りに間に合う 마감에 맞추다　　□ 道に迷う 길을 헤매다 (10年)

□ 身につける (기술 등을) 익히다, 습득하다 (13, 17年)　　□ リンゴの皮をむく 사과 껍질을 벗기다 (12年)

□ ひもを結ぶ 끈을 묶다 (17年)　　□ めまいがする 현기증이 나다

□ ゴミを燃やす 쓰레기를 태우다　　□ 文句を言う 불평을 하다 (11, 15年)

□ 役に立つ 도움이 되다, 유용하다　　□ 約束を破る 약속을 깨다

□ 席をゆずる 자리를 양보하다　　□ 卵をゆでる 달걀을 삶다 (15年)

□ ズボンが緩い 바지가 헐렁하다 (11, 13年)　　□ 酒に酔う 술에 취하다

□ 服を汚す 옷을 더럽히다　　□ 円に両替する 엔화로 환전하다 (11年)

□ お湯をわかす 뜨거운 물을 끓이다　　□ 恋人と別れる 애인과 헤어지다 (12年)

□ ケーキを分ける 케이크를 나누다 (14年)　　□ 床に落とす 바닥에 떨어뜨리다 (17年)

복합동사

~合う	知り合う 서로 알다 (18年)	抱き合う 서로 껴안다
	話し合う 서로 이야기하다	
~合わせる	待ち合わせる 만나기로 하다 (18年)	問い合わせる 문의하다
~上がる	起き上がる 일어나다	出来上がる 완성되다
~上げる	取り上げる 다루다	持ち上げる 들어올리다
~終わる	読み終わる 다 읽다	食べ終わる 다 먹다
~返す	聞き返す 되묻다	裏返す 뒤집다
	繰り返す 반복하다	
~替える	着替える 갈아입다	取り替える 갈다, 바꾸다
~かける	呼びかける 부르다, 호소하다 (17年)	
	話しかける 말을 걸다 (14年)	
~切る	走り切る 끝까지 달리다	締め切る 마감하다
~切れる	売り切れる 매진되다	数え切れない 다 셀 수 없다
~込む	申し込む 신청하다 (16年)	押し込む 눌러 넣다
	思い込む 믿어버리다	
~過ぎる	食べ過ぎる 과식하다	若過ぎる 너무 젊다
	大き過ぎる 너무 크다	
~出す	生み出す 만들어 내다	貸し出す 빌리다, 대출하다
	飛び出す 뛰쳐나가다	降り出す 내리기 시작하다
~直す	見直す 다시 보다	かけ直す 다시 걸다
	やり直す 다시 하다	
~始める	咲き始める 피기 시작하다	食べ始める 먹기 시작하다
~取る	受け取る 받다 (17年)	聞き取る 듣다

~回る	走り回る 뛰어다니다	見回る 여기저기 보고 다니다
~忘れる	言い忘れる 말하는 것을 잊다	置き忘れる 놔두고 잊어버리다
受け~	受け取る 받다 (17年)	受け入れる 받아들이다 (11年)
書き~	書き上げる 다 쓰다	書き込む 써 넣다
立ち~	立ち上がる 일어나다	立ち止まる 멈추다
出~	出会う 만나다	出迎える 마중하다
通り~	通りかかる 지나가다	通り過ぎる 지나치다 (12年)
取り~	取り上げる 다루다	取り入れる 집어넣다, 도입하다
	取り替える 갈다, 바꾸다	取り消す 취소하다
	取り出す 꺼내다	取り付ける 달다
引き~	引き受ける (일을) 맡다 (13, 17年)	引き出す 꺼내다, 인출하다
見~	見送る 배웅하다 (11年)	見落とす 간과하다, 못 보고 넘기다
	見下ろす 내려다보다, 깔보다	
乗り~	乗り遅れる 늦어서 못 타다	乗り換える 갈아타다
	乗り越す (목적지를) 지나치다	乗り過ごす 내리지 못하다
落ち~	落ち込む 빠지다, 침울해지다	落ち着く 안정되다 (10年)
追い~	追いかける 뒤쫓다, 뒤따라 일어나다	
	追いつく 따라 붙다, 도달하다 (13, 18年)	

의성어 · 의태어

□ いらいら 안절부절 속이 타는 모양	□ いよいよ 점점, 더욱더, 드디어
□ うきうき 신바람나서 들뜬 모양	□ うっかり 무심코 (잊다) (10, 16, 18年)
□ がっかり 실망하는 모양 (12, 16年)	□ からから 물기가 바싹 마른 모양 (11年)
□ ぎっしり 가득, 잔뜩 (채워져 있는)	□ ぐっすり 푹 (자다)
□ ごろごろ 빈둥빈둥	□ ざっと 대충
□ じっと 가만히	□ すっきり 산뜻한 모양, 상쾌한 모양
□ そっくり 쏙 빼닮은 모양 (10, 15, 17年)	□ そっと 살짝 (12, 17年)
□ そろそろ 슬슬, 이제 곧 (11年)	□ そわそわ 안절부절
□ たっぷり 듬뿍	□ たまたま 우연히
□ どきどき 두근두근 (10, 17, 19年)	□ どんどん 점점, 계속
□ にこにこ 싱글벙글	□ にっこり 방긋 (웃다)
□ のんびり 느긋이	□ ばったり 뜻밖에 마주치는 모양, 딱 (마주치다)
□ ぴかぴか 반짝반짝	□ ぴったり 꼭 맞는 모양, 딱, 착 (15年)
□ ふらふら 비틀비틀, 갈팡질팡 (14, 16年)	□ ぶらぶら 어슬렁 어슬렁, 빈둥빈둥 (11年)
□ ぺこぺこ 배가 고픈 모양(꼬르륵), 굽실굽실 (19年)	□ へとへと 녹초가 된 모양
□ ぺらぺら 유창한 모양, 술술 (18年)	□ ぶるぶる 부들부들, 벌벌
□ ほっと 안심하는 모양, 후유	□ ぼろぼろ 너덜너덜
□ ぼんやり 멍하니, 어렴풋이	□ まごまご 우물쭈물
□ むっと 화가 치미는 모양, 불끈	□ わくわく 두근두근

접두어

こう 高～	こうしゅうにゅう 高収入 고수입	こうせいのう 高性能 고성능
こう 好～	こうきかい 好機会 좋은 기회	こうけいき 好景気 호경기
さい 再～	さいかいはつ 再開発 재개발	さいしゅっぱつ 再出発 재출발
しゅ 主～	しゅせいぶん 主成分 주성분	しゅもくてき 主目的 주목적
たん 短～	たんきかん 短期間 단기간	たんじかん 短時間 단시간
なま 生～	なま 生ビール 생맥주	なまほうそう 生放送 생방송
ふ 不～	ふあんてい 不安定 불안정	ふかのう 不可能 불가능
	ふしぜん 不自然 부자연	ふじゆう 不自由 부자유
	ふひつよう 不必要 불필요	ふけいき 不景気 불경기
	ふかんぜん 不完全 불완전	ふちゅうい 不注意 부주의
み 未～	みかんせい 未完成 미완성	みかいはつ 未開発 미개발
	みこうかい 未公開 미공개	みしよう 未使用 미사용
ひ 非～	ひじょうしき 非常識 비상식	
む 無～	むいみ 無意味 무의미	むかんしん 無関心 무관심
	むけいかく 無計画 무계획	

접미어

～てき ～的	いっぱんてき 一般的 일반적 (14, 19年)	せかいてき 世界的 세계적
	けいかくてき 計画的 계획적	にんげんてき 人間的 인간적
	げんじつてき 現実的 현실적	きほんてき 基本的 기본적
	だいひょうてき 代表的 대표적 (15年)	じどうてき 自動的 자동적 (12, 18年)
～さき ～先	りょこうさき 旅行先 여행지	しごとさき 仕事先 일터
	ゆさき 行き先 행선지 (12年)	とりひきさき 取引先 거래처

~性（せい）	可能性（かのうせい） 가능성	人間性（にんげんせい） 인간성
~会（かい）	運動会（うんどうかい） 운동회	音楽会（おんがくかい） 음악회
~風（ふう）	和風（わふう） 일본풍	洋風（ようふう） 서양풍
~画（が）	絵画（かいが） 회화(그림)	人物画（じんぶつが） 인물화
~家（か）	画家（がか） 화가	小説家（しょうせつか） 소설가
	政治家（せいじか） 성지가	専門家（せんもんか） 전문가 (10年)
~学（がく）	経営学（けいえいがく） 경영학 (15年)	
~型（がた）	血液型（けつえきがた） 혈액형 (15年)	
~図（ず）	案内図（あんないず） 안내도	設計図（せっけいず） 설계도
~代（だい）	食事代（しょくじだい） 식사비	電気代（でんきだい） 전기요금
	新聞代（しんぶんだい） 신문대금	タクシー代（だい） 택시비
~製（せい）	日本製（にほんせい） 일본제	金属製（きんぞくせい） 금속제
~沿い（ぞい）	川沿い（かわぞい） 강가	海沿い（うみぞい） 해안, 바닷가
~味（み）	人間味（にんげんみ） 인간미	人情味（にんじょうみ） 인정미
~向き（むき）	南向き（みなみむき） 남향 (10年)	
~誌（し）	週刊誌（しゅうかんし） 주간지 (12, 18年)	
~産（さん）	アメリカ産（さん） 미국산 (11年)	

가타카나

□ アイデア 아이디어 (14年)	□ アクセサリー 액세서리
□ アクセス 액세스, 접속	□ アドバイス(する) 충고 (16年)
□ アニメ 애니메이션	□ アピール(する) 어필
□ アマチュア / アマ 아마추어	□ アレルギー 알레르기
□ アレンジ(する) 편곡, 정리	□ イベント 이벤트

□ イメージ 이미지 (16年)	□ イラスト 일러스트
□ インスタント 인스턴트	□ インタビュー 인터뷰 (11年)
□ インフレ 인플레 ('인플레이션'의 준말)	□ ウイルス 바이러스
□ エコ 에코, 환경의 · 생태의	□ エチケット 에티켓
□ エッセイ 에세이, 소설	□ エネルギー 에너지 (18年)
□ エンジニア 엔지니어	□ オーバー(する) 오버, 초과
□ オーバー(な) 과장된, 초과한	□ オフィス 오피스, 사무소
□ オリジナル 오리지널, 원본	□ カーブ 커브 (11年,14年)
□ ガイド(する) 가이드, 안내	□ カジュアル(な) 캐주얼한
□ カタログ 카탈로그 (10年)	□ カット(する) 컷, 자름, 삭제
□ カバー(する) 커버, 보충 (12年)	□ カラー 컬러, 색
□ カルチャー 문화	□ カロリー 칼로리
□ キッチン 주방	□ キャンセル(する) 캔슬, 취소 (10, 15年)
□ キャンパス 캠퍼스	□ グラウンド 그라운드, 운동장
□ クリック(する) 클릭	□ クレーム 클레임, 불만, 이의 제기
□ クレジットカード 신용카드	□ コース 코스
□ コード 코드	□ コーナー 코너
□ ゴール(する) 골, 목표	□ コスト 비용, 원가
□ コマーシャル 커머셜, 상업상, 영업상	□ コミュニケーション 커뮤니케이션, 소통
□ コメント(する) 코멘트	□ コレクション 컬렉션, 수집
□ コンクール 콩쿠르	□ コンセント 콘센트
□ コンテスト 콘테스트	□ コンパクト(な) 콤팩트한, 소형의
□ サークル 서클	□ サイズ 사이즈 (13年)
□ サイト 사이트	□ サラリーマン 샐러리맨

□ サンプル 샘플	□ シーズン 시즌
□ システム 시스템	□ シフト 옮김, 위치의 이동
□ ジャンル 장르, 종류	□ シリーズ 시리즈
□ シングル 싱글	□ シンプル 심플
□ スタイル 스타일	□ スタッフ 스태프
□ ステージ 스테이시, 무대	□ ストレート 곧은, 일직신의
□ ストレス 스트레스	□ スペース 스페이스, 공간
□ スムーズ 원할, 순조로움	□ ゼミ 세미나
□ ソフト 부드러움	□ ダイエット(する) 다이어트
□ タイプ 타입	□ タイミング 타이밍
□ ダウンロード(する) 다운로드	□ タッチ(する) 터치
□ ダブル 더블	□ ダメージ 대미지, 손해
□ チャレンジ(する) 챌린지, 도전 (16年)	□ チャンス 찬스, 기회 (15年)
□ ツイン 트윈, 쌍을 이룬 것	□ データ 데이터
□ テーマ 테마, 주제 (14年)	□ デフレ 디플레 ('디플레이션'의 준말)
□ トラブル 트러블	□ トレーニング 트레이닝, 훈련 (18年)
□ ノック 노크 (10, 19年)	□ バーゲン 바겐 세일
□ ハード(な) 하드한, 엄격한	□ パートナー 파트너
□ バケツ 양동이 (18年)	□ パターン 패턴
□ バランス 밸런스, 균형	□ ハンカチ 손수건
□ パンフレット 팸플릿, 소책자	□ ビジネス 비즈니스
□ ビタミン 비타민	□ ヒット(する) 히트, 크게 성공함
□ ヒント 힌트 (12年)	
□ ファミレス(ファミリーレストラン) 패밀리 레스토랑	

☐ ブーム 붐, 유행	☐ フォーク 포크
☐ フォロー(する) 뒤쫓음, 추적함, 보조함	☐ プライバシー 프라이버시
☐ プライベート(な) 개인적인, 사적인	☐ プラス(する) 플러스, 더하기, 보탬
☐ プラスチック 플라스틱	☐ プラン 플랜, 계획
☐ ブランド 브랜드	☐ フリーサイズ 프리 사이즈
☐ フリーター 프리터, 일정직이 없는 사람	☐ フリーマーケット 프리마켓, 벼룩시장
☐ プリンター 프린터	☐ プリント(する) 인쇄, 프린트
☐ プレゼン(する),プレゼンテーション(する) 프레젠테이션, 발표	
☐ プロ 프로	☐ ブログ 블로그
☐ ベテラン 베테랑	☐ ポイント 포인트
☐ ボランティア 자원봉사	☐ ボリューム 볼륨
☐ マスコミ 매스컴	☐ マスター(する) 마스터, 숙달함
☐ マナー 매너 (17年)	☐ ミーティング 미팅, 모임
☐ ミス(する) 실수하다	☐ ムード 무드, 분위기
☐ メーカー 메이커	☐ メッセージ 메시지
☐ ユニーク(な) 유니크한, 독특한	☐ ユーモア 유머 (10年)
☐ ライバル 라이벌	☐ ラッシュ 러시, 돌진
☐ リーダー 리더	☐ リサイクル(する) 리사이클, 재활용 (13, 15年)
☐ リストラ(する) 구조 조정	☐ リラックス(する) 릴렉스, 긴장을 풂
☐ ルール 룰, 규칙	☐ レシート 영수증
☐ レジャー 레저, 여가	☐ レッスン(する) 레슨, 개인교습
☐ レベル 레벨, 수준	☐ レンタル(する) 렌탈, 임대

2019

※어휘 옆 숫자는 해당 연도 이전의 기출 연도입니다.

☐ 就職(する) 취직	☐ デザイン 디자인	☐ 締め切り 마감
☐ 通訳(する) 통역	☐ 突然 갑자기 (13年)	☐ 信じる 믿다
☐ 清潔(だ) 청결함 (11年)	☐ 面倒くさい 귀찮다	☐ どきどき 두근두근 (10年)
☐ とける 녹다	☐ 事情 사정	☐ ノック 노크 (10年)
☐ 芸術 예술	☐ 冗談 농담	☐ 積極的 적극적 (14年)
☐ 親しい 친하다	☐ 集中 집중	☐ 取り消す 취소하다
☐ しまう 안에 넣다 (10年)	☐ さっそく 즉시 (11年)	☐ 間隔 간격 (14年)
☐ うろうろ 어정버정, 허둥지둥		

2018

☐ 目標 목표	☐ 自動的 자동적 (12年)	☐ バケツ 양동이
☐ 乾燥 건조	☐ 発展 발전	☐ 迷う 헤매다, 망설이다 (10年)
☐ 偶然 우연히, 뜻밖에	☐ 期待 기대 (12年)	☐ うっかり 깜빡, 무심코 (10, 16年)
☐ 重ねる 겹치다, 포개다	☐ 交ざる 섞이다	☐ エネルギー 에너지
☐ 経営 경영	☐ 原料 원료	☐ 制限 제한
☐ 想像 상상 (12年)	☐ あふれる 넘치다	☐ しぼる (물기가 빠지게) 짜다
☐ 待ち合わせる 미리 장소와 시간을 정해 놓고 상대를 기다리다		☐ きつい 고되다. 꼭 끼다
☐ 意外に 의외로	☐ しっかり 확실히, 똑똑히 (11年)	

2017

☐ 応募 응모	☐ 解決 해결	☐ 完成 완성
☐ 染み 얼룩	☐ 申請 신청	☐ 底 바닥
☐ 登場 등장	☐ 比較 비교	☐ 平均 평균
☐ マナー 매너	☐ 目的 목적	☐ 床 바닥
☐ 列 줄, 열	☐ 落ち着く 안정되다, 진정되다	

□ ふく 닦다	□ 呼びかける 호소하다	□ 確実だ 확실하다
□ 苦しい 괴롭다, 답답하다	□ 正常に 정상적으로	□ ずいぶん 몹시, 대단히
□ そっくり 꼭 닮은 모양 (15年)	□ そっと 살짝, 조용히	

2016

□ アドバイス 어드바이스, 충고	□ イメージ 이미지	□ うわさ 소문 (13年)
□ 傷 상처	□ 検査 검사	□ 作物 작물, 농작물
□ 自信 자신 (자신감)	□ 姿勢 자세	□ チャレンジ 챌린지, 도전
□ 特徴 특징	□ 内緒 비밀	□ 囲む 둘러싸다, 두르다
□ 沈む 가라앉다	□ 断る 거절하다	□ 確かめる 확인하다
□ 頼る 의지하다	□ 許す 용서하다	□ 流行する 유행하다
□ 惜しい 아깝다	□ 偉い 훌륭하다	□ ふらふら 흔들흔들, 비틀비틀 (14年)

2015 ~ 2010

□ 栄養 영양	□ 演奏 연주	□ 香り 향기
□ 観察 관찰	□ キャンセル 캔슬, 취소 (10年)	□ 興味 흥미
□ 順番 순번, 차례	□ 発表 발표	□ 文句 불평, 불만 (11年)
□ リサイクル 재활용 (13年)	□ 料金 요금	□ 割合 비율
□ 編む 엮다, 편집하다	□ 隠す 감추다, 숨기다	□ 戦う 싸우다
□ 防ぐ 막다, 지키다	□ 守る 지키다	□ 破れる 찢어지다, 깨지다
□ 盛ん 번성함, 왕성함	□ 代表的 대표적	□ ぴったり 꼭, 딱 (맞음)
□ 印象 인상	□ お祝い 축하, 축하 선물	□ 我慢 참음, 인내
□ 記念 기념	□ くせ 버릇, 습관	□ 合成 합성
□ 資源 자원	□ テーマ 테마, 주제	□ 当日 당일
□ パンフレット 팸플릿	□ 飽きる 싫증나다, 질리다	□ 覚める 잠이 깨다
□ ぶつかる 부딪치다, 충돌하다	□ 分ける 나누다	□ 悔しい 분하다

☐ ～料 ~료	☐ 意志 의지	☐ 応援 응원
☐ カバー 커버, 덮개	☐ 外食 외식	☐ 片方 한쪽, 한편
☐ 交換 교환	☐ 差 차이	☐ 材料 재료
☐ 自慢 자랑	☐ 渋滞 정체, 밀림	☐ セットする 조절하다, 맞추다
☐ 代金 대금	☐ 調子 컨디션, 상태	☐ 流れ 흐름
☐ ヒント 힌트	☐ 物価 물가	☐ 追いつく 따라잡다, 따라붙다
☐ 起きる 일어나다	☐ おぼれる 빠지다	☐ かわく (목이) 마르다
☐ 枯れる 마르다, 시들다	☐ たたむ 개다, 접다	☐ 経つ (시간이) 지나다, 경과하다
☐ とじる (눈을) 감다	☐ 伸ばす 연장하다, 연기하다	☐ 引き受ける (일, 역할을) 떠맡다
☐ 振る 흔들다	☐ むく (껍질을) 벗기다, 까다	☐ 別れる 헤어지다
☐ おかしい 이상하다	☐ しつこい 집요하다, 끈질기다	☐ 懐かしい 그립다
☐ ゆるい 느슨하다, 헐겁다	☐ 不安 불안	☐ 主に 주로
☐ がっかり 실망하는 모양	☐ なるべく 가능한 한	☐ 別々 따로따로, 제각기
☐ あわ 거품	☐ インタビュー 인터뷰	☐ 影響 영향
☐ カーブ 커브	☐ カタログ 카탈로그	☐ 感じ 느낌, 기분
☐ 感動 감동	☐ 希望 희망	☐ 最新 최신
☐ 主張 주장	☐ 出張 출장	☐ 整理 정리
☐ 前後 (수량, 시간) 전후, 안팎	☐ 体力 체력	☐ 半日 반일, 한나절
☐ 申込書 신청서	☐ 家賃 집세	☐ 両替 환전
☐ 扱う 다루다, 취급하다	☐ 合わせる 맞추다	☐ かかる 걸리다
☐ しばる 묶다, 매다	☐ ためる 모으다	☐ 流れる 흐르다
☐ 複雑だ 복잡하다	☐ 不満だ 불만이다	☐ 立派だ 훌륭하다
☐ アメリカ産 미국산	☐ 全～ 전~	☐ 東向き 동향
☐ からから 물기가 바싹 마른 모양	☐ しばらく 잠깐, 당분간	☐ 早めに 일찌감치, 빨리
☐ ぶらぶら 어슬렁 어슬렁		

問題3 （　　　　）に入れるのに最もよいものを、1・2・3・4から一つえらびなさい。

1 先週先生の自宅を（　　　　）した。
1 入場　　　　　2 連絡　　　　　3 訪問　　　　　4 面接

2 計画は予告なしに（　　　　）することはできない。
1 変更　　　　　2 配達　　　　　3 担当　　　　　4 復習

3 明日、社長は（　　　　）される予定です。
1 平均　　　　　2 代表　　　　　3 退院　　　　　4 超過

4 NHKは全国中継でその様子を（　　　　）した。
1 連続　　　　　2 流行　　　　　3 連絡　　　　　4 放送

5 いい成績をとるためには必ず（　　　　）してください。
1 復習　　　　　2 包装　　　　　3 成功　　　　　4 注射

6 我が国はブラジルからコーヒーを（　　　　）している。
1 輸出　　　　　2 表現　　　　　3 輸入　　　　　4 留学

7 そのレストランは3月に（　　　　）する予定だ。
1 オーバー　　　　2 オープン　　　　3 カット　　　　4 コピー

8 テロ組織の秘密情報を（　　　　）した。
1 キャッチ　　　　2 ゴールイン　　　3 ダウン　　　　4 アンケート

9 その映画は一部を（　　　　）して上映された。
1 ダウン　　　　2 カンニング　　　3 ドライブ　　　　4 カット

10 首相はその事件について（　　　　）した。
1 コメント　　　　2 ガイド　　　　3 サイン　　　　4 サービス

정답　1 ③　2 ①　3 ③　4 ④　5 ①　6 ③　7 ②　8 ①　9 ④　10 ①

問題3（　　　　　）に入れるのに最もよいものを、1・2・3・4から一つえらびなさい。

1 喫煙席でも子供がいる場所ではタバコをご（　　　　　）ください。
1 心配　　　　　2 遠慮　　　　　3 我慢　　　　　4 交換

2 私の好きなチームが勝つなんて、（　　　　　）するだけで涙が出そうだ。
1 期待　　　　　2 参加　　　　　3 想像　　　　　4 競争

3 何もしないで負けるより（　　　　　）して負ける方がいい。
1 自慢　　　　　2 変化　　　　　3 希望　　　　　4 努力

4 大雪のため、バスが（　　　　　）する。
1 工夫　　　　　2 運休　　　　　3 移動　　　　　4 交換

5 最近自宅まで（　　　　　）してくれるネットスーパーが人気です。
1 出発　　　　　2 発見　　　　　3 配達　　　　　4 利用

6 今週発売予定だったベストアルバムが、来週に（　　　　　）されました。
1 延長　　　　　2 延期　　　　　3 期待　　　　　4 完成

7 新型インフルエンザにかからないように（　　　　　）を呼びかけている。
1 注意　　　　　2 判断　　　　　3 解決　　　　　4 否定

8 3ヶ月間海外（　　　　　）することになりました。
1 出社　　　　　2 出張　　　　　3 出発　　　　　4 出場

9 日本音楽コンクールに（　　　　　）することにした。
1 到着　　　　　2 協力　　　　　3 自慢　　　　　4 応募

10 給料が少ないから（　　　　　）ができないという人が少なくないそうだ。
1 両替　　　　　2 会計　　　　　3 貯金　　　　　4 借金

정답　　1②　　2③　　3④　　4②　　5③　　6②　　7①　　8②　　9④　　10③

問題3 （　　　　　）に入れるのに最もよいものを、1・2・3・4から一つえらびなさい。

1 宝くじに（　　　　　）、必ず幸せだとは限らない。
1 あたったら　　2 いれたら　　3 うかったら　　4 かかったら

2 昼間は電車が（　　　　　）いるので座れます。
1 あいて　　　　2 のって　　　3 すいて　　　4 こんで

3 明日の会議の準備をしているのですが、少し手を（　　　　　）いただけませんか。
1 借りて　　　　2 移して　　　3 備えて　　　4 貸して

4 掃除機はうるさいが、ほうきで（　　　　　）と静かに掃除ができます。
1 はたく　　　　2 はく　　　　3 ふく　　　　4 みがく

5 運動の後、のどが（　　　　　）、水をごくごくと飲みました。
1 かれて　　　　2 かわいて　　3 こげて　　　4 こわれて

6 簡単にりんごの皮を（　　　　　）機器が最近人気です。
1 おる　　　　　2 きる　　　　3 むく　　　　4 やぶる

7 若者たちにマナーやエチケットなどを身に（　　　　　）ほしい。
1 うけて　　　　2 かけて　　　3 つけて　　　4 わけて

8 銀行が閉まって、コンビニのATM機でお金を（　　　　　）。
1 奪いました　　2 出しました　　3 消しました　　4 下ろしました

9 交差点を左に（　　　　　）と右に駅があります。
1 まがる　　　　2 まわる　　　3 まわす　　　4 わたる

10 私が（　　　　　）子犬はとても小さくて、「ミニ」と名付けた。
1 育っている　　2 飼っている　　3 手伝っている　　4 取っている

정답　　1①　　2③　　3④　　4②　　5②　　6③　　7③　　8④　　9①　　10②

問題3（　　　　　）に入れるのに最もよいものを、1・2・3・4から一つえらびなさい。

1 大学に合格してとても（　　　　）。
　　1 嬉しい　　　　　2 さびしい　　　3 楽しい　　　　　4 はずかしい

2 彼は何をしても（　　　　）だ。
　　1 適当　　　　　　2 平和　　　　　3 丈夫　　　　　　4 残念

3 人の（　　　　）になることはしないほうがいい。
　　1 真剣　　　　　　2 残念　　　　　3 迷惑　　　　　　4 退屈

4 家事は（　　　　）なことがたくさんある。
　　1 面倒　　　　　　2 にぎやか　　　3 残念　　　　　　4 正直

5 部屋が（　　　　）掃除をした。
　　1 汚くて　　　　　2 まぶしくて　　3 苦しくて　　　　4 なつかしくて

6 明日の運動会が雨で中止になって（　　　　）した。
　　1 うっかり　　　　2 しっかり　　　3 がっかり　　　　4 ぴったり

7 友達と話をしていたら（　　　　）外が暗くなっていた。
　　1 今にも　　　　　2 改めて　　　　3 絶対に　　　　　4 いつの間にか

8 彼には（　　　　）その金額を渡したはずだ。
　　1 確かに　　　　　2 たまたま　　　3 実は　　　　　　4 今にも

9 彼女は自分の仕事だけは（　　　　）している。
　　1 すっかり　　　　2 うろうろ　　　3 しっかり　　　　4 ふらふら

10 書店の前で（　　　　）友達に会った。
　　1 たまたま　　　　2 絶対に　　　　3 自然に　　　　　4 いつの間にか

정답　　1①　　2①　　3③　　4①　　5①　　6③　　7④　　8①　　9③　　10①

問題3　（　　　　）に入れるのに最もよいものを、1・2・3・4から一つえらびなさい。

1　久しぶりに友達と（　　　　）ビールを飲んだらおいしかった。
　　　1　高　　　　　　2　主　　　　　　3　再　　　　　　4　生

2　そんな計画は実現（　　　　）可能です。
　　　1　不　　　　　　2　非　　　　　　3　未　　　　　　4　無

3　ガソリンの（　　　　）成分は何ですか。
　　　1　無　　　　　　2　再　　　　　　3　好　　　　　　4　主

4　旅行をするときは（　　　　）必要なものは持って行かないようにしましょう。
　　　1　無　　　　　　2　非　　　　　　3　不　　　　　　4　未

5　友達は（　　　　）計画で旅行に出かけた。
　　　1　無　　　　　　2　短　　　　　　3　再　　　　　　4　好

6　この絵はまだ（　　　　）完成です。
　　　1　非　　　　　　2　不　　　　　　3　未　　　　　　4　無

7　新しくできたレストランに行ってみたが、（　　　　）親切だった。
　　　1　無　　　　　　2　非　　　　　　3　不　　　　　　4　未

8　（　　　　）注意で事故を起こした。
　　　1　不　　　　　　2　無　　　　　　3　非　　　　　　4　未

9　レポートを（　　　　）時間で書くのは無理です。
　　　1　短　　　　　　2　再　　　　　　3　高　　　　　　4　好

10　（　　　　）性能のデジタルカメラを買った。
　　　1　好　　　　　　2　生　　　　　　3　高　　　　　　4　主

정답　　1④　　2①　　3④　　4③　　5①　　6③　　7③　　8①　　9①　　10③

問題3 （　　　　　）に入れるのに最もよいものを、1・2・3・4から一つえらびなさい。

1 彼とは仕事（　　　　　）で出会った。
　1 会　　　　　　2 前　　　　　　3 先　　　　　　4 内

2 今夜の音楽（　　　　　）は本当にすばらしかった。
　1 会　　　　　　2 場　　　　　　3 性　　　　　　4 屋

3 この人物（　　　　　）は誰の作品ですか。
　1 学　　　　　　2 絵　　　　　　3 家　　　　　　4 画

4 公園の入り口で案内（　　　　　）をもらった。
　1 像　　　　　　2 絵　　　　　　3 図　　　　　　4 画

5 彼は世界（　　　　　）に有名な科学者です。
　1 的　　　　　　2 上　　　　　　3 外　　　　　　4 内

6 課長が食事（　　　　　）を払ってくれた。
　1 値　　　　　　2 賃　　　　　　3 代　　　　　　4 価

7 月曜日はこのデパートの定休（　　　　　）です。
　1 日　　　　　　2 年　　　　　　3 時　　　　　　4 月

8 この小説の内容は現実（　　　　　）ではない。
　1 的　　　　　　2 上　　　　　　3 中　　　　　　4 下

9 私は将来政治（　　　　　）になりたい。
　1 家　　　　　　2 員　　　　　　3 人　　　　　　4 士

10 彼は人情（　　　　　）のある心の温かい人だ。
　1 的　　　　　　2 気　　　　　　3 味　　　　　　4 性

정답　　1 ③　　2 ①　　3 ④　　4 ③　　5 ①　　6 ③　　7 ①　　8 ①　　9 ①　　10 ③

問題3　（　　　　）に入れるのに最もよいものを、1・2・3・4から一つえらびなさい。

1 東京駅で新幹線に（　　　　）ください。
　1　乗り遅れて　　　2　乗り間違えて　3　乗り換えて　　　4　乗り越えて

2 学校の前を通るとき子どもが（　　　　）きてびっくりした。
　1　飛び出して　　　2　言い出して　　3　引き出して　　　4　取り出して

3 審判の判定に問題があったので、この試合は（　　　　）べきだ。
　1　受け直す　　　　2　見直す　　　　3　作り直す　　　　4　やり直す

4 明日の飛行機の予約を（　　　　）。
　1　取り消した　　　2　締め切った　　3　引き受けた　　　4　受け取った

5 みんなで(　　　)いい意見が出るはずだ。
　1　受け取れば　　　2　思い込めば　　3　話し合えば　　　4　付き合えば

6 次の会議では、このプロジェクトについて（　　　　）予定だ。
　1　取り上げる　　　2　取り替える　　3　取り出す　　　　4　出会う

7 おいしいものはいつも早く（　　　　）てしまう。
　1　付き合う　　　　2　落ち着いて　　3　取り消し　　　　4　売り切れて

8 辞書は単語を調べるのに（　　　　）。
　1　落ち着く　　　　2　役立つ　　　　3　目立つ　　　　　4　思い込む

9 彼女はとてもきれいな人なのでどこにいても（　　　　）。
　1　取り入れる　　　2　待ち合わせる　3　目立つ　　　　　4　出会う

10 前に友達がいたので（　　　　）みた。
　1　呼びかけて　　　2　持ち上げて　　3　引き受けて　　　4　待ち合わせて

정답　　1③　　2①　　3④　　4①　　5③　　6①　　7④　　8②　　9③　　10①

問題3 （　　　　　）に入れるのに最もよいものを、1・2・3・4から一つえらびなさい。

1 山田さんがパーティーに来られなくて、とても（　　　　　）です。
1 残念
2 最近
3 必要
4 将来

2 田中先生はとても（　　　　　）ですが、いい先生ですね。
1 やわらかい
2 少ない
3 重い
4 厳しい

3 私はキムさんの（　　　　　）に反対です。
1 中止
2 経験
3 意見
4 試験

4 この工場ではパソコンを（　　　　　）しています。
1 生産
2 説明
3 招待
4 承知

5 「お客さま、あちらの自動販売機でチケットをお（　　　　　）ください。」
1 もとめ
2 よみ
3 さそい
4 あらい

6 （　　　　　）で台風が来ることを知りました。
1 ノート
2 ニュース
3 ストーブ
4 スーツ

7 レストランを出るとき、（　　　　　）でお金をはらいます。
1 パン
2 レポート
3 ハンバーグ
4 レジ

8 「他のお客さまのご迷惑になりますので、けいたい電話はご（　　　　　）ください。」
1 注意
2 経験
3 遠慮
4 準備

9 「次は新宿にとまります。お降りのさい、足もとにご（　　　　　）ください。」
1 中止
2 注意
3 用意
4 用事

10 「いらっしゃいませ。コートはあちらでお（　　　　　）します。」
1 聞き
2 持ち
3 預かり
4 取り

정답　　1 ①　　2 ④　　3 ③　　4 ①　　5 ①　　6 ②　　7 ④　　8 ③　　9 ②　　10 ③

問題3 （　　　　）に入れるのに最もよいものを、1・2・3・4から一つえらびなさい。

1 明日は車で出かけるので（　　　　）を、入れにいった。
1 スーツ　　　　　2 ストーブ　　　3 ガソリン　　　　4 カメラ

2 バスは駅を時間どおりに、（　　　　）した。
1 仕事_{しごと}　　　　　2 旅行_{りょこう}　　　3 用意_{ようい}　　　　4 出発_{しゅっぱつ}

3 無理_{むり}を（　　　　）で、あなたに頼んでいるのです。
1 しょうち　　　　2 しんぱい　　　3 はいけん　　　　4 そうだん

4 天気（　　　　）では、明日は雨だ。
1 よそう　　　　　2 よほう　　　　3 よてい　　　　　4 よやく

5 背中が（　　　　）するのは、高い熱があるせいだ。
1 わくわく　　　　2 ぞくぞく　　　3 ぶるぶる　　　　4 ぞろぞろ

6 二人のけんかは、まだ（　　　　）いるようだ。
1 がんばって　　　2 ならんで　　　3 つたえて　　　　4 つづいて

7 一度、家に（　　　　）、荷物を置いてからまた来ます。
1 もどって　　　　2 とまって　　　3 かよって　　　　4 なおって

8 （　　　　）、お会いしてゆっくり話をしましょう。
1 さいきん　　　　2 こんど　　　　3 せんしゅう　　　4 さっき

9 雨が降ってきたので、傘をもって父を駅に（　　　　）いった。
1 とどけに　　　　2 かえしに　　　3 さしあげに　　　4 むかえに

10 暗くなってきたので、（　　　　）かえります。
1 ときどき　　　　2 いろいろ　　　3 そろそろ　　　　4 だいたい

정답　　1③　　2④　　3①　　4②　　5②　　6④　　7①　　8②　　9④　　10③

問題3 （　　　　　）に入れるのに最もよいものを、1・2・3・4から一つえらびなさい。

1 昨日聞いたのに、もう（　　　　　）忘れてしまいました。
　　1 はっきり　　　　2 すっきり　　　3 ぐっすり　　　4 すっかり

2 生活が（　　　　　）日帰りの旅行にも行けません。
　　1 くるしくて　　　2 さびしくて　　3 わるくて　　　4 むずかしくて

3 警察では事故が起きた（　　　　　）を調べています。
　　1 結果　　　　　2 原因　　　　　3 目的　　　　　4 理由

4 彼は仕事が（　　　　　）だといって、会社をやめてしまった。
　　1 リッチ　　　　2 スムーズ　　　3 オーバー　　　4 ハード

5 約束を（　　　　　）、本当にごめんなさい。
　　1 まもって　　　2 こわして　　　3 やぶって　　　4 やめて

6 特に要るものではなかったけれど、安かったので（　　　　　）買ってしまった。
　　1 まず　　　　　2 つい　　　　　3 ぜひ　　　　　4 まるで

7 あの子の頭の良さには、本当に（　　　　　）します。
　　1 関心　　　　　2 興味　　　　　3 応援　　　　　4 感心

8 コーヒーを（　　　　　）、着ていた服を汚してしまった。
　　1 いれて　　　　2 こぼして　　　3 つくって　　　4 わかして

9 飛行機の席が取れなくて、まだキャンセル（　　　　　）の状態です。
　　1 入り　　　　　2 付き　　　　　3 止まり　　　　4 待ち

10 この部屋には小さな（　　　　　）があるので自炊ができます。
　　1 キッチン　　　　2 ベランダ　　　3 トイレ　　　　4 リビング

정답	1④	2①	3②	4④	5③	6②	7④	8②	9④	10①

問題3 （　　　　）に入れるのに最もよいものを、1・2・3・4から一つえらびなさい。

1 交通機関の（　　　　）で、私たちの生活は大きく変わった。
　　1 発見　　　　　2 発表　　　　　3 発達　　　　　4 発育

2 そのスーツには、このネクタイが（　　　　）だと思いますよ。
　　1 しっかり　　　　2 ぴったり　　　3 そっくり　　　4 たっぷり

3 昔の友達の写真を見て、（　　　　）気持ちになった。
　　1 なつかしい　　　2 つよい　　　　3 やわらかい　　　4 きびしい

4 今度の旅行の（　　　　）は全部で2万円ぐらいです。
　　1 会計　　　　　2 計算　　　　　3 使用　　　　　4 費用

5 高校時代の成績は、いつもクラスで（　　　　）でした。
　　1 トップ　　　　　2 ヘッド　　　　3 ベスト　　　　4 スター

6 契約書にはんこを押すときは、よく内容を（　　　　）ましょう。
　　1 さがし　　　　　2 たしかめ　　　3 かんがえ　　　4 まもり

7 授業中、ねむくて（　　　　）が出てしまった。
　　1 せき　　　　　　2 ねつ　　　　　3 くしゃみ　　　　4 あくび

8 ジーンズは、とても（　　　　）生地なので、なかなか破れたりはしません。
　　1 かたい　　　　　2 じょうぶな　　3 かるい　　　　4 りっぱな

9 緊張しないで、もっと（　　　　）してください。
　　1 チェンジ　　　　2 オープン　　　3 リラックス　　　4 アップ

10 彼は父からいろいろな影響を（　　　　）。
　　1 あたえた　　　　2 あげた　　　　3 うけた　　　　4 もらった

정답　　1③　　2②　　3①　　4④　　5①　　6②　　7④　　8②　　9③　　10③

問題3（　　　　）に入れるのに最もよいものを、1・2・3・4から一つえらびなさい。

1 歯医者に行って、虫歯を（　　　　）。
1 はずした　　　2 ぬいた　　　3 きった　　　4 おった

2 それは一度経験（　　　　）ですから、今度は大丈夫です。
1 続き　　　2 付き　　　3 済み　　　4 漏れ

3 いい（　　　　）がしますね。となりの部屋の人が料理を作っているようですね。
1 味　　　2 におい　　　3 音楽　　　4 空気

4 妹は（　　　　）で優秀賞に選ばれた。
1 コンサート　　　2 コンクール　　　3 アンコール　　　4 オーケストラ

5 彼の小説は（　　　　）で出版されている。
1 シリーズ　　　2 ジャンル　　　3 スタート　　　4 ストップ

6 彼女は口が（　　　　）ので、悩みを話してもいいです。
1 堅い　　　2 軽い　　　3 重い　　　4 多い

7 8に3を（　　　　）と、答えは5になる。
1 足す　　　2 引く　　　3 割る　　　4 かける

8 初めて大きな犬を見た赤ちゃんは泣き（　　　　）。
1 切れた　　　2 終わった　　　3 切った　　　4 出した

9 暑い夏ほど湿度を（　　　　）すればいいです。
1 節約　　　2 調節　　　3 注文　　　4 充電

10 あの二人は顔が（　　　　）で、まるで兄弟みたいだ。
1 ぐっすり　　　2 ぴったり　　　3 にっこり　　　4 そっくり

정답　1②　2③　3②　4②　5①　6①　7②　8④　9②　10④

확인문제 ①

1 지난주에 선생님의 자택을 <u>방문</u>했다.
2 계획은 예고 없이 <u>변경</u>할 수 없다.
3 내일, 사장님은 <u>퇴원</u>하실 예정입니다.
4 NHK는 전국 중계로 그 상황을 <u>방송</u>했다.
5 좋은 성적을 받기 위해서는 반드시 <u>복습</u>해 주세요.
6 우리나라는 브라질에서 커피를 <u>수입</u>하고 있다.
7 그 레스토랑은 3월에 <u>오픈</u>할 예정이다.
8 테러 조직의 비밀 정보를 <u>캐치</u>했다.
9 그 영화는 일부를 <u>삭제</u>하고 상영되었다.
10 수상은 그 사건에 관해서 <u>코멘트</u>했다.

확인문제 ②

1 흡연석이라도 아이가 있는 장소에서는 담배를 <u>삼가</u>해 주세요.
2 내가 좋아하는 팀이 이긴다니 <u>상상</u>하는 것 만으로도 눈물이 나올 것 같다.
3 아무것도 하지 않고 지는 것 보다 <u>노력</u>해서 지는 편이 좋다.
4 폭설로 인해 버스가 <u>운행</u>을 멈춘다.
5 최근 자택까지 <u>배달</u>해 주는 인터넷 슈퍼가 인기입니다.
6 이번주 발매 예정이었던 베스트 앨범이 다음 주로 <u>연기</u>되었습니다.
7 신형 독감에 걸리지 않도록 <u>주의</u>를 당부하고 있다.
8 3개월간 해외 <u>출장</u>을 가게 되었습니다.
9 일본 음악 콩쿠르에 <u>응모</u>하기로 했다.
10 급여가 적어서 <u>저금</u>을 할 수 없다는 사람이 적지 않다고 한다.

확인문제 ③

1 복권에 <u>당첨</u>되면 반드시 행복하다고는 할 수 없다.
2 낮에는 전철이 <u>비어</u> 있어서 앉을 수 있습니다.
3 내일 회의 준비를 하고 있는데, 잠깐 <u>도와주시지</u> 않겠습니까?
4 청소기는 시끄럽지만, 빗자루로 <u>쓸면</u> 조용하게 청소할 수 있습니다.

5 운동 후, 목이 <u>말라서</u> 물을 꿀꺽꿀꺽 마셨습니다.
6 간단히 사과 껍질을 <u>벗기는</u> 기기가 최근 인기입니다.
7 젊은이들이 매너나 에티켓 등을 <u>익히길</u> 바란다.
8 은행이 닫혀서 편의점의 ATM기에서 돈을 <u>인출</u>했다.
9 사거리를 왼쪽으로 돌면 오른쪽에 역이 있습니다.
10 내가 <u>키우고 있는</u> 강아지는 매우 작아서 '미니'라고 이름을 지었다.

확인문제 ④

1 대학에 합격해서 매우 <u>기쁘다</u>.
2 그는 무엇을 해도 <u>대충대충</u>이다.
3 다른 사람에게 <u>폐</u>가 되는 일은 하지 않는 편이 좋다.
4 집안 일은 <u>귀찮은</u> 일이 많이 있다.
5 방이 <u>더러워서</u> 청소를 했다.
6 내일 운동회가 비로 중지되어서 <u>실망했다</u>.
7 친구와 이야기를 하고 있었더니 <u>어느새</u> 밖이 어두워져 있었다.
8 그에게는 <u>분명히</u> 그 금액을 건네주었을 것이다.
9 그녀는 자신의 일만큼은 <u>야무지게</u> 하고 있다.
10 서점 앞에서 <u>우연히</u> 친구를 만났다.

확인문제 ⑤

1 오랜만에 친구와 생맥주를 마셨더니 맛있었다.
2 그런 계획은 실현 <u>불가능</u>합니다.
3 <u>휘발유</u>의 주성분은 무엇입니까?
4 여행을 할 때는 <u>불필요</u>한 것은 가지고 가지 않도록 합시다.
5 친구는 <u>무계획</u>으로 여행을 떠났다.
6 이 그림은 아직 <u>미완성</u>입니다.
7 새로 생긴 레스토랑에 가 봤는데 점원이 <u>불친절</u>했다.
8 <u>부주의</u>로 사고를 냈다.
9 리포트를 <u>단시간</u>에 쓰는 것은 무리입니다.
10 <u>고성능</u> 디지털 카메라를 샀다.

확인문제 ⑥

1 그와는 일터에서 만났다.
2 오늘밤 음악회는 정말 훌륭했다.
3 이 인물화는 누구의 작품입니까?
4 공원 입구에서 안내도를 받았다.
5 그는 세계적으로 유명한 과학자입니다.
6 과장님이 밥값을 내주었다.
7 월요일은 이 백화점의 정기휴일입니다.
8 이 소설의 내용은 현실적이지 않다.
9 나는 장래에 정치가가 되고 싶다.
10 그는 인정미가 있는 마음이 따뜻한 사람이다.

확인문제 ⑦

1 도쿄 역에서 신칸센으로 갈아타세요.
2 학교 앞을 지날 때 아이가 튀어나와서 깜짝 놀랐다.
3 심판의 판정에 문제가 있었기 때문에 이 시합은 다시 해야 한다.
4 내일 출발하는 비행기의 예약을 취소했다.
5 모두 함께 이야기하면 좋은 의견이 나올 것이다.
6 다음 회의에서는 이 프로젝트에 대해 다룰 예정이다.
7 맛있는 것은 항상 빨리 동나버린다.
8 사전은 단어를 찾는데 유용하다.
9 그녀는 매우 예쁜 사람이어서 어디에 있어도 눈에 띈다.
10 앞에 친구가 있었기 때문에 불러 봤다.

확인문제 ⑧

1 야마다 씨가 파티에 올 수 없어서 매우 유감스럽습니다.
2 다나카 선생님은 대단히 엄격하지만, 좋은 선생님이네요.
3 나는 김 씨의 의견에 반대입니다.
4 이 공장에서는 컴퓨터를 생산하고 있습니다.
5 손님, 저쪽 자동판매기에서 티켓을 구입해 주십시오.

6 뉴스에서 태풍이 오는 것을 알았습니다.
7 레스토랑을 나올 때 계산대에서 돈을 지불합니다.
8 다른 손님에게 폐가 되므로 휴대전화는 삼가해 주십시오.
9 다음은 신주쿠에서 정차합니다. 내리실 때 발 밑을 주의하십시오.
10 어서 오세요. 코트는 저 쪽에서 보관하겠습니다.

확인문제 ⑨

1 내일은 차로 외출하기 때문에 휘발유를 넣으러 갔다.
2 버스는 역을 시간대로 출발했다.
3 무리라는 것을 알면서도 당신에게 부탁하는 것입니다.
4 일기예보로는 내일은 비다.
5 등이 오싹오싹 한 것은 고열이기 때문입니다.
6 두 사람의 싸움은 아직 계속되고 있는 것 같다.
7 한번 집에 되돌아가서 짐을 두고 다시 오겠습니다.
8 다음에 만나서 천천히 이야기 합시다.
9 비가 내리기시작했기 때문에 우산을 들고 역으로 아버지를 마중하러 갔다.
10 어두워졌으니 슬슬 돌아가겠습니다.

확인문제 ⑩

1 어제 들었는데 벌써 까맣게 잊어버렸습니다.
2 생활이 어려워서 당일치기 여행도 갈 수 없습니다.
3 경찰에서는 사고가 일어난 원인을 조사하고 있습니다.
4 그는 일이 힘들다며 회사를 그만둬버렸다.
5 약속을 어겨서 정말로 죄송합니다.
6 특별히 필요한 물건은 아니었지만, 쌌기 때문에 그만 사 버렸다.
7 저 아이의 영리함에는 정말로 감탄합니다.
8 커피를 흘려서 입고 있던 옷을 더럽히고 말았다.
9 비행기 좌석을 잡지 못해서 아직 예약대기 상태입니다.
10 이 방에는 작은 부엌이 있어서 자취가 가능합니다.

1 교통기관의 <u>발달</u>로 우리들의 생활은 크게 바뀌었다.
2 그 정장에는 이 넥타이가 <u>딱</u>이라고 생각해요.
3 옛 친구의 사진을 보고 <u>그리운</u> 마음이 들었다.
4 이번 여행의 <u>비용</u>은 전부해서 2만엔 정도입니다.
5 고등학교 때의 성적은 항상 반에서 <u>톱</u>이었습니다.
6 계약서에 도장을 찍을 때는 내용을 잘 <u>확인</u>합시다.
7 수업 중에 졸려서 <u>하품</u>이 나오고 말았다.
8 청바지는 매우 <u>튼튼한</u> 옷감이기 때문에 좀처럼 찢어
   지거나 하지 않습니다.
9 긴장하지 말고 더 <u>릴렉스</u>하세요.
10 그는 아버지로부터 여러 가지 영향을 <u>받았다</u>.

1 치과에 가서 충치를 <u>뽑았다</u>.
2 그것은 한번 <u>경험했기</u> 때문에 이번에는 괜찮습니다.
3 좋은 <u>냄새</u>가 나네요. 옆집 사람이 요리를 만들고 있
   는 것 같네요.
4 여동생은 <u>콩쿠르</u>에서 우수상에 뽑혔다.
5 그의 소설은 <u>시리즈</u>로 출판되고 있다.
6 그녀는 입이 <u>무겁기</u> 때문에 고민을 말해도 됩니다.
7 8에서 3을 <u>빼면</u> 답은 5가 된다.
8 처음 큰 개를 본 아기는 울기 <u>시작했다</u>.
9 더운 여름일수록 습도를 <u>조절</u>하면 좋습니다.
10 저 두 사람은 얼굴이 꼭 <u>닮아서</u> 마치 형제 같다.

問題4 ▶ 유의표현

문제유형 **유의표현 (5문항)**

주어진 어휘와 같은 의미나 그 의미를 풀어 쓴 짧은 문장을 찾는 문제이다.

例

問題4 ＿＿＿＿＿ の言葉に意味が最も近いものを、１・２・３・４から１つ
えらびなさい。

23 荷物がようやく届いた。

　　1 すぐに　　　　2 やっと　　　　3 全部　　　　4 一部

23	① ● ③ ④

포인트

〈問題4〉는 〈問題3〉과 마찬가지로 동사, 명사, 형용사, 부사에서 골고루 출제될 것으로 예
상하는데, 5문항 중 4문항 이상은 유사어가 많은 동사와 형용사가 차지할 가능성이 크다.
명사와 부사는 출제되더라도 1문항 정도일 것이다. 그리고 한자어는 2문항 정도가 예상되
며, 외래어와 의태어는 출제될 가능성이 크지 않다.
문제를 풀 때 선택지를 하나씩 대입하여 가장 적절한 어휘를 찾는 방법은 위험할 수 있
다. 왜냐하면 대입했을 때 선택지 모두가 완전히 말이 안 되는 것은 없기 때문에 오히려
더 혼란스러울 수 있다.

학습요령

단어장으로 단어를 공부를 할 때 단어의 의미만 외우는 것뿐만 아니라 그 단어를 다른 더
쉬운 말로 바꾸어 말하는 연습을 많이 해보도록 하자.

학습포인트

〈問題4 유의표현〉에서도 마찬가지로 여러 품사에서 골고루 출제된다. 동사, 명사, 형용사, 부사에서 각각 1문항씩은 반드시 출제되며, 외래어, 복합동사, 접두어·접미어 중에서 1문항 출제 될 것으로 예상된다. 이 파트에서도 단어가 가지는 의미가 포인트이기 때문에 〈問題3 문맥규정〉에서 제시한 단어들을 위주로 다시 한번 복습한 후, 출제 예상 단어를 훑어보며 실전에 대비하자.

동사

□ あきらめる 체념하다, 포기하다	≒ やめる 그만두다 (12年)
□ あわてる 당황하다	≒ 急ぐ 서두르다 (14年)
□ くたびれる 지치다, 피로하다	≒ つかれる 피로하다 (10, 14年)
□ 喜ぶ 기뻐하다	≒ うれしがる 기뻐하다
□ 気をつける 주의하다	≒ 注意する 주의하다
□ しゃべる 지껄이다, 수다 떨다	≒ 話す 이야기하다 (18年)
□ 伝える 전하다, 연락하다, 알리다	≒ 連絡する、知らせる 연락하다, 알리다
□ ないしょにして 비밀로 하고	≒ だれにも話さないで 아무에게도 말하지 않고 (12年)
□ びっくりする 깜짝 놀라다	≒ おどろく 놀라다
□ 汚れる 더러워지다	≒ きたなくなる 더러워지다 (15年)
□ 縮む 줄다, 작아지다	≒ 小さくなる 작아 지다
□ 横断する 횡단하다, 건너다	≒ 渡る 건너다 (16年)
□ ひかえる 삼가다, 그만하다	≒ しないようにする 하지 않도록 하다
□ 試着する 입어 보다	≒ 着てみる 입어 보다
□ はやる 유행하다	≒ 流行する 유행하다 (16年)
□ お目にかかる 만나뵙다	≒ 会う 만나다
□ だまって 입을 다물고	≒ 何も言わずに 아무 말 없이
□ ほっとする 안심하다	≒ 安心する 안심하다
□ ふやす 늘리다	≒ 多くする 많게 하다

□ たつ 출발하다	≒ 出発する 출발하다
□ 暗記する 암기하다 (13年)	≒ 覚える 외우다 (14年)
□ やり直す 다시 하다	≒ もう一度やる 한 번 더 하다 (11年)

명사

□ 案 안, 의견, 예상	≒ アイデア 아이디어
□ トレーニング 트레이닝, 연습, 훈련	≒ 練習 연습 (18年)
□ 交際 교제	≒ つきあうこと 사귀는 것
□ プラン 계획	≒ 計画 계획
□ 祖父 할아버지	≒ おじいさん 할아버지
□ チェック 체크, 확인	≒ 確認 확인
□ わけ 까닭, 이유	≒ 理由 이유 (11, 13, 19年)

형용사

□ 仲がいい 사이가 좋다	≒ 親しい 친하다 (15, 19年)
□ さわがしい 시끄럽다, 소란스럽다	≒ うるさい 시끄럽다 소란스럽다
□ たいくつだ 심심하다, 따분하다	≒ つまらない、くだらない 재미없다, 시시하다
□ 真剣だ 진지하다	≒ まじめだ 성실하다
□ 丁寧だ 공손하다,친절하다	≒ 親切だ 친절하다
□ 珍しい 진귀하다, 드물다	≒ あまりない 별로 없다
□ 賢い 현명하다, 영리하다	≒ 頭がいい 머리가 좋다

□ 相変わらず 변함없이	≒ 前と同じで 전과 같이
□ いきなり 갑자기, 느닷없이	≒ 突然 돌연, 갑자기
□ さっき 아까, 조금 전	≒ 少し前 조금 전 (11, 14年)
□ 再び 두번, 재차	≒ もう一度 한번 더
□ まもなく 머지않아, 이윽고	≒ もうすぐ 이제 곧
□ そっくり 꼭 닮은 모양 (10, 15, 17年)	≒ 似ている 닮았다 (10年)
□ なるべく 가능한 한	≒ できるだけ 가능한 한
□ すべて 모두, 전부	≒ 全部 전부
□ 年中 언제나, 일년 내내	≒ いつも 항상 (12年)
□ およそ 대략	≒ 約 약 (17年)
□ おそらく 아마, 필시	≒ たぶん 아마도
□ 遠慮なく 거리낌 없이, 사양 말고	≒ たくさん 많이
□ 大変 매우	≒ とても 매우
□ 必ず 반드시, 기필코	≒ きっと 분명히
□ ようやく 겨우, 가까스로	≒ やっと 겨우, 간신히 (18年)

2019

□ 感謝 감사	≒	お礼 사례
□ キッチン 키친	≒	台所 부엌
□ 不安な 불안한	≒	心配な 걱정되는
□ おなかがぺこぺこだ 배가 고프다	≒	おなかがすいている 배가 고프다
□ 黙って 잠자코	≒	何も話さないで 아무 말노 하시 않고
□ 整理する 정리하다	≒	片づける 정리하다
□ おかしな 이상한	≒	変な 이상한
□ 済ませる 끝내다	≒	終わらせる 끝내다, 해결하다
□ 欠点 결점	≒	よくないところ 좋지 않은 점
□ そのまま 그대로	≒	何も変えないで 아무것도 바꾸지 않고

2018

□ 指導する 지도하다	≒	教える 가르치다
□ トレーニング 트레이닝	≒	練習 연습
□ 手段 수단	≒	やり方 하는 방법(수단)
□ ぺらぺら 유창하게, 술술	≒	上手に話せる 능숙하게 이야기할 수 있다
□ ようやく 겨우, 가까스로	≒	やっと 겨우, 간신히
□ 団体 단체	≒	グループ 그룹
□ しゃべる 수다떨다, 말하다	≒	話す 이야기하다
□ 退屈だ 지루하다	≒	つまらない 시시하다, 재미가 없다
□ 多少 다소	≒	ちょっと 좀, 조금
□ 駆けてくる 뛰어오다	≒	走ってくる 달려오다

2017

□ おしまい 끝, 마지막, 파함	≒	終わり 끝, 마지막, 최후
□ 逆 반대, 거꾸로	≒	反対 반대
□ 協力する 협력하다	≒	手伝う 도와주다, 거들다

□ スケジュール 스케줄	≒ 予定 예정
□ 約1万円 약 만 엔	≒ だいたい1万円 대략 만 엔
□ 信じる 믿다, 신뢰하다	≒ 本当だと思っている 진실이라고 생각한다
□ どなる 소리치다, 고함치다, 호통치다	≒ 大声で怒る 큰 소리로 화내다
□ まぶしい 눈부시다	≒ 明るすぎる 매우 밝다
□ あらゆる 온갖, 모든	≒ 全部の 전부, 모든
□ 絶対 단연코, 꼭	≒ 必ず 반드시

2016

□ 決まり 규정, 규칙	≒ 規則 규칙
□ あまりました 남았습니다	≒ 多すぎて残りました 너무 많아서 남았습니다
□ 延期になった 연기 되었다	≒ 後の別の日にやることになった 후의 다른 날에 하게 되었다
□ 輝いている 빛나고 있다	≒ 光っている 빛나고 있다
□ がっかりした 실망했다	≒ 残念だと思った 유감스러웠다
□ 学んでいる 배우고 있다	≒ 勉強している 공부하고 있다
□ 横断禁止 횡단금지	≒ 渡ってはいけません 건너서는 안 됩니다
□ 当然 당연	≒ もちろん 물론
□ 不安だ 불안하다	≒ 心配だ 걱정이다
□ まったく 전혀, 완전히	≒ 全然 전혀, 완전히

2015~2010

□ 機会 기회	≒ チャンス 찬스, 기회
□ 手段 수단	≒ やり方 방법
□ 配達してもらった 배달해 주었다	≒ 届けてもらった 보내 주었다
□ 疑っている 의심하고 있다	≒ 本当ではないと思っている 사실이 아니라고 생각한다
□ だまって 입을 다물고	≒ 何も言わずに 아무 말도 하지 않고
□ 短気 성격이 급함	≒ すぐ怒る 바로 화를 내다

□ 得意 자신이 있음, 잘함	≒	上手にできる 능숙하게 할 수 있다
□ 相変わらず 변함없이	≒	前と同じで 전과 같이
□ 次第に 차츰, 점점	≒	少しずつ 조금씩
□ すべて 전부, 모두	≒	全部 전부
□ 案 안, 의견, 예상	≒	アイデア 아이디어
□ 約 약	≒	だいたい 대략, 대개
□ カーブしている 구부러져 있다	≒	曲がっている 구부러져 있다
□ 指導する 지도하다	≒	教える 가르치다
□ あわてる 당황하다	≒	急ぐ 서두르다
□ くだびれる 지치다, 피로하다	≒	疲れる 지치다, 피로해지다
□ 経つ 지나다, 경과하다	≒	過ぎる 지나다
□ きつい 심하다, 엄하다	≒	大変だ 힘들다
□ おかしな 우스운, 이상한	≒	変な 이상한
□ さっき 아까, 조금 전	≒	少し前 조금 전
□ 位置 위치	≒	場所 장소
□ キッチン 주방	≒	台所 부엌
□ サイズ 사이즈	≒	大きさ 크기
□ わけ 의미, 뜻	≒	理由 이유
□ 売り切れだ 다 팔리다, 매진되다	≒	すべて売れた 전부 팔렸다
□ 回収する 회수하다, 거둬들이다	≒	集める 모으다
□ 注文する 주문하다	≒	頼む 부탁하다
□ しゃべる 지껄이다, 수다 떨다	≒	話す 이야기하다
□ 確かめる 확인하다	≒	チェックする 체크하다
□ この頃 요즈음	≒	最近 최근
□ 共通点 공통점	≒	同じところ 같은 점
□ 年中 언제나, 일년 내내	≒	いつも 항상
□ ないしょにして 비밀로 하고	≒	だれにも話さないで 아무에게도 말하지 않고

□ 整理する 정리하다	≒ 片付ける 정리하다
□ あきらめる 체념하다, 포기하다	≒ やめる 그만두다 (12年)
□ うばう 빼앗다	≒ 取る 빼앗다
□ 気に入る 마음에 들다	≒ 好きになる 좋아지다
□ まぶしい 눈부시다	≒ 明るすぎる 너무 밝다
□ 絶対に 반드시, 꼭	≒ 必ず 반드시
□ そっと 살짝, 가만히	≒ 静かに 조용히
□ 欠点 결점, 단점	≒ 悪いところ 나쁜 점
□ スケジュール 스케줄	≒ 予定 예정
□ 翌年 이듬해	≒ 次の年 다음 해
□ わけ 의미, 뜻	≒ 理由 이유
□ 通勤する 통근하다	≒ 仕事に行く 일하러 가다
□ 減る 줄다, 적어지다	≒ 少なくなる 적어지다
□ やり直す 다시 하다	≒ もう一度やる 한 번 더 하다
□ 恐ろしい 두렵다, 무섭다	≒ 怖い 무섭다
□ 楽だ 편하다	≒ 簡単だ 간단하다
□ さっき 아까	≒ 少し前に 조금 전에
□ 孫 손자	≒ 娘の息子 딸의 아들
□ 混雑する 혼잡하다	≒ 客がたくさんいる 손님이 많이 있다
□ 明ける 날이 새다, 끝나다	≒ 終わる 끝나다
□ 覚える 기억하다, 느끼다	≒ 暗記する 암기하다
□ くたびれる 지치다, 피로하다	≒ 疲れる 지치다, 피로해지다
□ たまる 모이다, 쌓이다	≒ 残る 남다
□ 短気だ 성미가 급하다	≒ すぐ怒る 바로 화내다
□ 単純だ 단순하다	≒ 分かりやすい 알기 쉽다
□ きつい 고되다, 심하다	≒ 大変だ 힘들다
□ 決まり 규칙, 규정	≒ 規則 규칙

問題4 ＿＿＿に意味が最も近いものを、1・2・3・4から一つえらびなさい。

1 家の外が<u>うるさい</u>ので、見てみたら交通事故で人がたくさん集まっていた。
1 つまらない　　　2 さわがしい　　3 はでだ　　　　4 にぎやかだ

2 試験の前に例文をぜんぶ<u>暗記した</u>。
1 勉強した　　　　2 習った　　　　3 覚えた　　　　4 忘れた

3 新製品の<u>サンプル</u>を送ってください。
1 資料　　　　　　2 値段　　　　　3 広告　　　　　4 見本

4 道を渡るときは、車に<u>気をつけた</u>ほうがいいですよ。
1 注意した　　　　2 中止した　　　3 感心した　　　4 関係した

5 彼が大学に合格したと聞いてみんな<u>喜んだ</u>。
1 うれしかった　　2 たのしかった　3 なつかしかった　4 うらやましかった

6 斉藤さんと山田さんは<u>仲がいい</u>。
1 楽しい　　　　　2 激しい　　　　3 親しい　　　　4 等しい

7 車の前に<u>いきなり</u>犬が飛び出してきた。
1 いつのまにか　　2 突然　　　　　3 時々　　　　　4 必ず

8 <u>まもなく</u>8番線に電車が参ります。
1 もうすぐ　　　　2 やっと　　　　3 あとで　　　　4 いま

9 <u>なるべく</u>さめないうちに召し上がってください。
1 いつも　　　　　2 早く　　　　　3 かならず　　　4 できるだけ

10 田中さんの話はいつも長くて<u>たいくつだ</u>。
1 たいへんだ　　　2 つまらない　　3 親切だ　　　　4 くわしい

정답　　1②　　2③　　3④　　4①　　5①　　6③　　7②　　8①　　9④　　10②

問題4 ＿＿＿＿に意味が最も近いものを、1・2・3・4から一つえらびなさい。

1 今週の金曜日、飲み会_{かい}があるとみんなに<u>伝えて</u>ください。
　1 連絡_{れんらく}して　　2 配達_{はいたつ}して　　3 確認_{かくにん}して　　4 発表_{はっぴょう}して

2 あまり値段が高いので、<u>びっくりしました</u>。
　1 おどろきました　2 こまりました　3 忘_{わす}れました　　4 心配_{しんぱい}しました

3 指_{ゆび}がインクで<u>汚れて</u>しまいました。
　1 うすくなって　　2 きたなくなって　3 ぬれて　　　4 冷たくなって

4 私がお見舞_{み ま}いに行ったら<u>祖父</u>はとてもうれしそうだった。
　1 おじいさん　　2 おばあさん　　3 おじさん　　4 おばさん

5 持_もち物_{もの}の<u>チェック</u>を忘れないでください。
　1 禁止_{きん し}　　　2 報告_{ほうこく}　　　3 質問_{しつもん}　　　4 確認_{かくにん}

6 選手_{せんしゅ}たちは毎日遅くまで<u>トレーニング</u>をしている。
　1 運動_{うんどう}　　　2 会議_{かい ぎ}　　　3 練習_{れんしゅう}　　　4 食事_{しょく じ}

7 このままでは、<u>おそらく</u>試験に落ちるだろう。
　1 全部_{ぜん ぶ}　　　2 もっと　　　3 たぶん　　　4 あっという間_まに

8 ワンピースを<u>試着する</u>ことにした。
　1 着_きてみる　　2 予約_{よ やく}する　　3 買_かう　　　4 交換_{こうかん}

9 友達といっしょに今度の休みの<u>プラン</u>を立てた。
　1 時間_{じ かん}　　　2 地図_{ち ず}　　　3 計画_{けいかく}　　　4 費用_{ひ よう}

10 何でもいいですから<u>えんりょなく</u>質問してください。
　1 いそがないで　　　　　　　2 おどろかないで
　3 あわてないで　　　　　　　4 心配_{しんぱい}しないで

정답　　1①　　2①　　3②　　4①　　5④　　6③　　7③　　8①　　9③　　10④

問題4 ＿＿＿に意味が最も近いものを、1・2・3・4から一つえらびなさい。

1 このお皿、台所にはこんでください。
1 洗って　　　　　　2 持って行って　　3 並べて　　　　　　4 捨てて

2 この前会ってからずいぶんたちましたね。
1 生きました　　　　2 過ぎました　　　3 続きました　　　　4 暮らしました

3 山田さんにすぐあやまったほうがいいですよ。
1 「ありがとう」と言った　　　　　2 「しつれいします」と言った
3 「すみません」と言った　　　　　4 「いただきます」と言った

4 ホテルの予約をキャンセルしていただけませんか。
1 取り消して　　　2 取り入れて　　　3 取り直して　　　4 取り上げて

5 お茶の作法は簡単ではない。
1 ムード　　　　　　2 マナー　　　　　3 タイプ　　　　　　4 コンディション

6 姉は部屋をていねいに掃除した。
1 簡単に　　　　　　2 早く　　　　　　3 しずかに　　　　　4 しっかりと

7 その機械はよく故障します。
1 壊れやすいです　　2 使いやすい　　　3 持ちやすい　　　　4 洗いやすい

8 その椅子を片付けてください。
1 しまって　　　　　2 並べて　　　　　3 掃除して　　　　　4 押して

9 小林先生は、とてもきびしい先生だ。
1 おもしろい　　　　2 静かな　　　　　3 怖い　　　　　　　4 年を取った

10 彼はその荷物をチェックした。
1 調べた　　　　　　2 運んだ　　　　　3 送った　　　　　　4 捨てた

정답	1②	2②	3③	4①	5②	6④	7①	8①	9③	10①

問題4 ＿＿＿に意味が最も近いものを、1・2・3・4から一つえらびなさい。

1 そのドレスは、鈴木さんの雰囲気にぴったりだね。
　1　きびしい　　　2　ちょうどいい　3　合わない　　　4　きつい

2 あの店はおしゃれで、最近人気がある。
　1　しずかで　　　　　　　　　　2　おいしくて
　3　ファッショナブルで　　　　　4　有名で

3 私は昨夜おかしな夢を見ました。
　1　変な　　　　　　2　苦しい　　　　　3　いろいろな　　　4　怖い

4 彼女の考えは同い年の友達に比べておさない。
　1　大人っぽい　　2　子供っぽい　　3　男らしい　　4　大人しい

5 合格発表を待つ学生たちは皆そわそわしている。
　1　寒い　　　　　2　困る　　　　　3　うるさい　　　　4　落ち着かない

6 1時間も遅れたわけを説明してください。
　1　状態　　　　　2　意味　　　　　3　事情　　　　　4　結果

7 私は食事の時間や本を読む時などダイニングルームをよく利用します。
　1　廊下　　　　　2　教室　　　　　3　部屋　　　　　4　食堂

8 赤ちゃんが寝ていますので、ドアをそっと閉めてください。
　1　ゆっくり　　　2　静かに　　　　3　しっかり　　　4　早く

9 大人気のいちごケーキを買いに行ったが売り切れだった。
　1　全部売れた　　　　　　　　　2　少しも売れなかった
　3　よく売れるようになってしまった　4　あまり売れなくなってしまった

10 人はだれでも長所を持っている。
　1　よい点　　　　2　わるい点　　　3　好きな点　　　4　足りない点

정답　　1②　　2③　　3①　　4②　　5④　　6③　　7④　　8②　　9①　　10①

問題4 ____に意味が最も近いものを、1・2・3・4から一つえらびなさい。

1 映画が退屈で、途中で寝てしまった。
1 むずかしくて　　2 ながくて　　　3 かなしくて　　　4 つまらなくて

2 彼の話は、若い人たちに受けた。
1 人気があった　　　　　　　　　2 人気がなかった
3 理解された　　　　　　　　　　4 理解されなかった

3 あの本は本だなにもどしておきました。
1 残して　　　　2 移して　　　　3 返して　　　　4 しまって

4 山本さんが、とてもていねいに説明してくれた。
1 面白く　　　　2 親切に　　　　3 上手に　　　　　4 元気に

5 彼女は、まもなく来ると思います。
1 もうすぐ　　　2 いつか　　　　3 かならず　　　　4 たぶん

6 買っておいたビールが切れてしまった。
1 なくなって　　2 ぬすまれて　　3 われて　　　　4 わるくなって

7 きのう書いた作文を、日本人の友達に間違ったところがないか調べてもらった。
1 クリックして　　2 チェックして　3 テストして　　　4 アドバイスして

8 手続きがめんどうで、いやになった。
1 地味で　　　　2 複雑で　　　　3 下手で　　　　4 危険で

9 木村さんは大きな家に引っ越した。
1 うごいた　　　2 とまった・　　3 うつった　　　4 かえった

10 客が店員に文句を言った。
1 追加　　　　　2 おかわり　　　3 注文　　　　　4 不満

정답　　1④　　2①　　3③　　4②　　5①　　6①　　7②　　8②　　9③　　10④

확인문제 ❶

1 집 밖이 <u>시끄러워서</u> 봐 봤더니 교통사고로 사람들이 많이 모여 있었다.
2 시험 전에 예문을 전부 <u>암기</u>했다.
3 신제품 <u>샘플</u>을 보내 주세요.
4 길을 건널 때는 차를 <u>조심하는</u> 것이 좋아요.
5 그가 대학에 합격했다고 듣고 모두들 <u>기뻐했</u>다.
6 사이토 씨와 야마다 씨는 <u>사이가 좋</u>다.
7 차 앞으로 <u>갑자기</u> 개가 튀어나왔다.
8 곧 8번 선에 전철이 도착하겠습니다.
9 <u>될 수 있으면</u> 식기 전에 드세요.
10 다나카 씨의 이야기는 항상 길고 <u>따분하다</u>.

확인문제 ❷

1 이번 주 금요일, 회식이 있다고 모두에게 <u>전해</u> 주세요.
2 가격이 너무 비싸서 깜짝 <u>놀랐습니다</u>.
3 손가락이 잉크로 <u>더러워지고</u> 말았습니다.
4 내가 병문안을 가자 할아버지는 매우 기쁜 <u>듯했다</u>.
5 소지품 <u>체크</u>를 잊지 마세요.
6 선수들은 매일 늦게까지 <u>트레이닝</u>을 하고 있다.
7 이대로는 <u>아마</u> 시험에 떨어질 것이다.
8 원피스를 <u>입어 보기</u>로 했다.
9 친구와 함께 이번 휴가 <u>계획</u>을 세웠다.
10 무엇이든지 괜찮으니까 <u>기탄없이</u> 질문해 주세요.

확인문제 ❸

1 이 접시 부엌으로 <u>옮겨</u> 주세요.
2 일전에 만나고 꽤 시간이 <u>지났네요</u>.
3 야마다씨에게 바로 <u>사과하는</u> 편이 좋아요.
4 호텔 예약을 <u>취소해</u> 주시기 않겠습니까?
5 다도의 <u>법식(예절)</u>은 간단하지 않다.
6 언니는 방을 <u>정성껏</u> 청소했다.
7 그 기계는 <u>자주 고장납니다</u>.
8 그 의자를 <u>정리해</u> 주세요.
9 고바야시 선생님은 매우 <u>엄격한</u> 선생님이다.
10 그는 그 짐을 <u>체크</u>했다.

확인문제 ❹

1 그 드레스는 스즈키 씨 분위기에 <u>딱</u>이네.
2 저 가게는 <u>세련돼서</u> 최근 인기가 있다.
3 저는 어젯밤 <u>이상한</u> 꿈을 꾸었습니다.
4 그녀의 생각은 같은 나이의 친구들에 비해서 <u>어리다</u>.
5 합격 발표를 기다리는 학생들은 모두 <u>초조해하고 있</u>다.
6 1시간이나 늦은 <u>이유</u>를 설명해 주세요.
7 저는 식사 시간이나 책을 읽을 때 등 <u>다이닝룸</u>을 자주 이용합니다.
8 아기가 자고 있으니, 문을 <u>살짝</u> 닫아 주세요.
9 인기가 많은 딸기 케이크를 사러 갔는데 <u>다 팔렸다</u>.
10 사람은 누구나 <u>장점</u>을 가지고 있다.

확인문제 ❺

1 영화가 <u>지루해서</u> 도중에 자 버렸다.
2 그의 이야기는 젊은 사람들에게 <u>인기가 있</u>다.
3 그 책은 책장에 <u>되돌려</u> 놓았습니다.
4 야마모토 씨가 매우 <u>정중하게</u> 설명해 주었다.
5 그녀는 곧 올 거라고 생각합니다.
6 사다 놓은 맥주가 다 <u>떨어져</u> 버렸다.
7 어제 쓴 작문을 일본인 친구가 틀린 곳이 없나 <u>체크</u>해 주었다.
8 절차가 <u>번거로워서</u> 짜증났다.
9 기무라 씨는 큰 집으로 <u>이사했다</u>.
10 손님이 점원에게 <u>불평</u>을 했다.

問題5 ▶ 용법

제시된 어휘가 문장 안에서 가장 적절하게 쓰인 것을 찾는 문제로 제시된 어휘의 의미를 확실히 알고 있어야 정답을 찾을 수 있다.

問題5 次の言葉の使い方として最もよいものを、1・2・3・4から1つ
えらびなさい。

28 　楽（らく）

　1　彼は、今度の旅行をとても楽にしている。

　2　時間がないから、何か楽に食べましょう。

　3　給料が上がって、生活が楽になった。

　4　みんながわかるように、もう少し楽に説明してください。

| 28 | ① ② ● ④ |

포인트

〈問題5 용법〉은 동작성 명사, 동사, 명사, 형용사에서 각각 1문항씩 출제되며, 복합동사, 부사, 의태어, 외래서 중에서 1문항이 출제기 된다. 배점이 클 것으로 예상되기 때문에 차분히 정답을 찾아야 한다. 예를 들어 「〜つもりです」를 「〜つもります」로 표기하는 경우도 있으므로 사소한 것까지 주의를 기울여야 하며, 뜻을 잘못 이해하여 생기는 동사와 목적어 간의 불균형, 형용사와 주어 간의 부조화 등이 없는지 선택지도 하나하나 잘 살펴보자.

학습요령

정답을 못 찾을 때는 선택지 문장들의 주어나 목적어가 인간인지 물건인지, 수식을 받고 있는 피수식어가 구체물인지 추상물인지 등을 놓고 따져보자. 넷 중 성격이 다른 것 하나를 찾아내면 그것이 정답이다.

학습포인트

〈問題5 용법〉도 마찬가지로 여러 품사에서 골고루 출제된다. 동작성 명사, 동사, 명사, 형용사에서 각각 1문항씩, 복합동사, 부사, 의태어, 외래어 중에서 한 문제가 출제될 것으로 예상된다. 용법 파트에서도 단어가 갖는 의미가 중요하기 때문에 〈問題4 문맥규정〉에서 제시한 단어들을 위주로 다시 한번 복습한 후, 출제 예상 단어에서 제시하고 있는 문장을 읽어 보며 단어가 문장 안에서 어떻게 쓰였는지 살펴보자.

동작성 명사

延期 (18年) 연기	雨のため、運動会は明日に延期します。 비 때문에 운동회는 내일로 연기하겠습니다.
支配 지배	宇宙人に地球が支配される夢をみた。 우주인에 지구가 지배되는 꿈을 꿨다.
達(する) 이르다, 도달하다	事件による被害額は6億円に達した。 사건에 따른 피해액은 6억 엔에 달했다.
世話 돌봄, 보살핌	旅行中にペットを世話してくれる人がいない。 여행 중에 애완동물을 돌봐 줄 사람이 없다.
相談 상의, 상담	ちょっと相談したいことがあるんですが。 좀 상의하고 싶은 것이 있는데요.
故障 고장	買ったばかりの掃除機が故障した。 산 지 얼마 안 되는 청소기가 고장 났다.
がまん 참음, 자제	お腹が痛いのをがまんして仕事をした。 배가 아픈 것을 참고 일했다.
がっかり 실망, 낙담하는 모양	弟は試験に落ちて、がっかりしている。 남동생은 시험에 떨어져 실망하고 있다.
しっかり 견실한, 단단한 모양	中学生にしては考えがしっかりしている。 중학생치고는 생각이 견실하다.
沸騰 (16年) (액체가) 끓어 오름	水は摂氏100℃で沸騰する。 물은 섭씨 100℃에서 끓어오른다

동사

支払う しはら 지불하다	旅行の代金をカードで支払った。 여행 대금을 카드로 지불했다.
みつかる 발견되다	探していた本が机の下でみつかった。 찾고 있던 책이 책상 밑에서 발견됐다.
取り消す とけ 취소하다	飛行機の予約を取り消した。 비행기 예약을 취소했다.
用いる もち 사용하다	今回のプロジェクトに新しい方法を用いることにした。 이번 프로젝트에 새로운 방법을 이용하기로 했다.
試す ため 시험해 보다	機械がちゃんと動くかどうか試してみます。 기계가 제대로 움직이는지 어떤지 시험해 보겠습니다.
わかす 끓이다	水道水はわかして飲んだほうがいい。 수돗물은 끓여서 먹는 게 좋다.
片付ける かたづ 정리하다, 처리하다 (12年)	遊んだおもちゃは自分で片付けなさい。 놀고 난 장난감은 스스로 정리해라. 早く仕事を片付けて飲みに行こう。 빨리 일을 처리하고 한 잔 하러 가자.
謝る あやま 사과하다	彼は「悪かった」と言って、謝った。 그는 '미안했다'며 사과했다.
誤る あやま 잘못하다	運転を誤って事故を起こした。 운전을 잘못해서 사고를 일으켰다.
区切る くぎ 구분하다 (10年)	部屋を本棚で区切って二人で使っている。 방을 책장으로 구분해서 둘이서 사용하고 있다.
かれる 마르다, 시들다 (12年)	大切にしていた植木がかれてしまった。 아끼던 정원수가 말라 버렸다.
もうかる 벌이가 되다	株でもうかったので家を買うことにした。 주식으로 벌었기 때문에 집을 사기로 했다.
問い合わせる とあ 문의하다, 알아보다	旅行会社に日程を問い合わせた。 여행사에 일정을 문의했다.

そだてる 기르다, 양성하다	<ruby>父<rt>ちち</rt></ruby>は<ruby>鉢植<rt>はちう</rt></ruby>えを<ruby>大事<rt>だいじ</rt></ruby>にそだてています。 아버지는 화분에 심은 나무를 소중히 기르고 있습니다.
甘<rt>あま</rt>やかす 응석을 받아주다.	<ruby>隣<rt>となり</rt></ruby>のおじさんは<ruby>子供<rt>こども</rt></ruby>を<ruby>甘<rt>あま</rt></ruby>やかしている。 옆집 아저씨는 아이의 응석을 받아주고 있다.
壊<rt>こわ</rt>す 부수다	<ruby>古<rt>ふる</rt></ruby>い<ruby>家<rt>いえ</rt></ruby>を<ruby>壊<rt>こわ</rt></ruby>して、<ruby>新<rt>あたら</rt></ruby>しく<ruby>建<rt>た</rt></ruby>てた。 낡은 집을 부수고 새롭게 지었다.
なれる 익숙해지다	３か<ruby>月<rt>げつ</rt></ruby><ruby>経<rt>た</rt></ruby>って、この<ruby>仕事<rt>しごと</rt></ruby>にもだいぶなれた。 3개월 지나서 이 일에도 꽤 익숙해졌다.
触<rt>さわ</rt>る 만지다, 손을 대다	<ruby>作品<rt>さくひん</rt></ruby>には<ruby>触<rt>さわ</rt></ruby>らないでください。 작품에는 손을 대지 마세요.
間違<rt>まちが</rt>える 잘못하다, 착각하다	<ruby>計算<rt>けいさん</rt></ruby>を<ruby>間違<rt>まちが</rt></ruby>えて<ruby>満点<rt>まんてん</rt></ruby>をとれなかった。 계산을 잘못해서 만점을 못 받았다. ホテルの<ruby>部屋<rt>へや</rt></ruby>を<ruby>間違<rt>まちが</rt></ruby>えた。 호텔방을 착각했다.
受<rt>う</rt>け<ruby>取<rt>と</rt></ruby>る 받다	<ruby>留守中<rt>るすちゅう</rt></ruby>に<ruby>荷物<rt>にもつ</rt></ruby>が<ruby>届<rt>とど</rt></ruby>くと<ruby>思<rt>おも</rt></ruby>うので、<ruby>代<rt>か</rt></ruby>わりに<ruby>受<rt>う</rt></ruby>け<ruby>取<rt>と</rt></ruby>ってください。 부재 중에 짐이 올 거니까 대신 받아 주세요.
役<rt>やく</rt>に<ruby>立<rt>た</rt></ruby>つ 유용하다, 도움이 되다.	このサイトは、ダイエットに<ruby>役<rt>やく</rt></ruby>に<ruby>立<rt>た</rt></ruby>つ。 이 사이트는 다이어트에 도움이 된다.
つる 낚다	<ruby>海<rt>うみ</rt></ruby>で<ruby>大<rt>おお</rt></ruby>きなタイをつった。 바다에서 큰 도미를 낚았다.
はかる 재다, 달다	<ruby>久<rt>ひさ</rt></ruby>しぶりに<ruby>体重<rt>たいじゅう</rt></ruby>をはかったら３キロも<ruby>増<rt>ふ</rt></ruby>えていた。 오랜만에 체중을 달았더니 3킬로나 늘었다.
ちぢむ 줄다	セーターを<ruby>洗濯機<rt>せんたくき</rt></ruby>で<ruby>洗<rt>あら</rt></ruby>ったらちぢんでしまった。 스웨터를 세탁기로 빨았더니 줄어 버렸다.
捕<rt>つか</rt>まえる 잡다, 붙들다	<ruby>逃<rt>に</rt></ruby>げたどろぼうをやっと<ruby>捕<rt>つか</rt></ruby>まえた。 도망간 도둑을 겨우 잡았다.
写<rt>うつ</rt>す 베끼다, 촬영하다	<ruby>友達<rt>ともだち</rt></ruby>のノートを<ruby>写<rt>うつ</rt></ruby>した。 친구 공책을 베꼈다. <ruby>修学旅行先<rt>しゅうがくりょこうさき</rt></ruby>で<ruby>記念写真<rt>きねんしゃしん</rt></ruby>を<ruby>写<rt>うつ</rt></ruby>した。 수학여행지에서 기념사진을 찍었다.

あずける 맡기다	バイトでかせいだお金を銀行にあずけた。 아르바이트로 번 돈을 은행에 맡겼다.
あふれる 흘러 넘치다, (넘칠 만큼) 많다 (18年)	グラスに水をあふれるほど注いだ。 유리컵에 물을 넘칠 정도로 부었다. お祭りのせいか、街に人があふれている。 축제 때문인지 거리에 사람이 넘칠 정도로 많다.
繰り返す 반복하다	同じ失敗を繰り返さないように気をつけます。 같은 실패를 되풀이하지 않도록 주의하겠습니다.
やとう 고용하다, 채용하다	彼はこの部署の責任者としてやとわれた。 그는 이 부서의 책임자로서 채용되었다.
失う 잃다, 잃어버리다	長い不景気で職を失った。 긴 불경기로 일자리를 잃었다.
そろえる 맞추다, 가지런히 하다	今日は彼女とT-シャツの色をそろえた。 오늘은 그녀와 티셔츠 색을 맞췄다. お客様の脱いだくつをそろえる。 손님이 벗은 신발을 가지런히 정리한다.
くっつける 붙이다	人形の手が取れたので、ボンドでくっつけた。 인형 손이 떨어져서 본드로 붙였다.
そなえる 대비하다, 갖추다	地震にそなえて避難グッズを用意している。 지진에 대비해서 피난 물품을 준비해 두었다. このビルには地震警報システムがそなえられている。 이 빌딩에는 지진 경보 시스템이 갖추어져 있다.
よびかける 호소하다	政府は若者に投票をよびかけている。 정부는 젊은이들에게 투표를 호소하고 있다. 買い物をしていたら、友達によびかけられた。 쇼핑을 하고 있었더니 친구가 불렀다.
のぞく 제외하다, 들여다보다	家族は私をのぞいて、全員5月生まれだ。 우리가족은 나를 제외하고 전원 5월에 태어났다.

つなぐ 연결하다, 매어두다	<ruby>課長<rt>か ちょう</rt></ruby>に<ruby>電話<rt>でん わ</rt></ruby>をつないでもらえますか。 과장님께 전화를 연결해 주시겠습니까? <ruby>犬<rt>いぬ</rt></ruby>をひもでつないだ。 개를 끈으로 매어 두었다.
やぶれる 깨지다, 찢어지다	<ruby>子供<rt>こ ども</rt></ruby>のころからの<ruby>夢<rt>ゆめ</rt></ruby>がやぶれた。 어릴 때 부터의 꿈이 깨졌다. <ruby>太<rt>ふと</rt></ruby>りすぎてズボンがやぶれてしまった。 살이 너무 쪄서 바지가 찢어져 버렸다.
すすめる 권장하다, 장려하다	<ruby>最近<rt>さいきん</rt></ruby>、<ruby>周<rt>まわ</rt></ruby>りの<ruby>人<rt>ひと</rt></ruby>に<ruby>結婚<rt>けっこん</rt></ruby>をすすめられている。 요즘 주위 사람들이 결혼하라고들 한다. <ruby>通勤<rt>つうきん</rt></ruby>にはバスや<ruby>電車<rt>でんしゃ</rt></ruby>の<ruby>利用<rt>り よう</rt></ruby>をすすめている。 통근에는 버스나 전철 이용을 장려하고 있다.
<ruby>加<rt>くわ</rt></ruby>える 넣다, 더하다, 늘리다	<ruby>味<rt>あじ</rt></ruby>がうすいと<ruby>思<rt>おも</rt></ruby>って<ruby>塩<rt>しお</rt></ruby>を<ruby>加<rt>くわ</rt></ruby>えた。 싱거운 것 같아서 소금을 넣었다.
つかむ 붙잡다, 사로 잡다	<ruby>倒<rt>たお</rt></ruby>れそうになって、<ruby>友達<rt>ともだち</rt></ruby>のうでをつかんだ。 쓰러질 것 같아서 친구 팔을 잡았다. あの<ruby>歌手<rt>か しゅ</rt></ruby>は<ruby>甘<rt>あま</rt></ruby>い<ruby>歌声<rt>うたごえ</rt></ruby>で<ruby>女性<rt>じょせい</rt></ruby>の<ruby>心<rt>こころ</rt></ruby>をつかんだ。 그 가수는 달콤한 노랫소리로 여성의 마음을 사로 잡았다.
よせる 접근하다, (마음을) 기울이다	<ruby>大<rt>おお</rt></ruby>きな<ruby>波<rt>なみ</rt></ruby>が<ruby>村<rt>むら</rt></ruby>の<ruby>近<rt>ちか</rt></ruby>くまでよせてきた。 큰 파도가 마을 가까이까지 접근해 왔다. <ruby>優秀<rt>ゆうしゅう</rt></ruby>な<ruby>彼<rt>かれ</rt></ruby>にみんなが<ruby>期待<rt>き たい</rt></ruby>をよせている。 우수한 그에게 모두가 기대를 기울이고 있다.

명사

<ruby>中止<rt>ちゅう し</rt></ruby> 중지	<ruby>雨<rt>あめ</rt></ruby>で<ruby>遠足<rt>えんそく</rt></ruby>は<ruby>中止<rt>ちゅう し</rt></ruby>になった。 비로 소풍은 중지되었다.
<ruby>楽<rt>たの</rt></ruby>しみ 낙, 즐거움	<ruby>彼女<rt>かのじょ</rt></ruby>は<ruby>年<rt>ねん</rt></ruby>に<ruby>一回<rt>いっかい</rt></ruby>コンサートに<ruby>行<rt>い</rt></ruby>くのをたのしみとしている。 그녀는 연 1회 콘서트에 가는 것을 낙으로 삼고 있다.
スピーチ 스피치, 연설	<ruby>友達<rt>ともだち</rt></ruby>の<ruby>結婚式<rt>けっこんしき</rt></ruby>にスピーチを<ruby>頼<rt>たの</rt></ruby>まれた。 친구 결혼식에 스피치를 부탁 받았다.

レベル 레벨, 수준	田中さんの英語のレベルはけっこう高い。 다나카 씨의 영어 수준은 꽤 높다.
スピード 스피드, 속력, 속도	高速道路ではスピードを出して走りたい。 고속도로에서는 스피드를 내며 달리고 싶다.
バランス 밸런스, 균형	毎日栄養バランスを考えて食事している。 매일 영양 밸런스를 생각해서 식사하고 있다.
ブレーキ 브레이크	急にブレーキが利かなくなって、事故を起こすところだった。 갑자기 브레이크가 안 들어서 사고를 낼 뻔했다.
ぐあい 형편, 상태	お体のぐあいはいかがですか。 몸 상태는 어떠세요?
したく 채비, 준비	いま出かけるしたくをしているところです。 지금 외출할 준비를 하고 있는 참입니다.
見舞い 문안, 문병	祖父のお見舞いに行ってきた。 할아버지 병문안을 갔다왔다.
付き合い 교제, 사귐	田中さんは付き合いがよくて、いつもまわりの人に好かれている。 다나카 씨는 사교성이 좋아서 항상 주위 사람들이 좋아한다.
しめきり 마감 (19年)	時間ぎりぎりで願書のしめきりに間に合った。 시간 임박해서 원서마감에 겨우 맞췄다.
せりふ 대사	芝居のせりふを忘れないように、がんばって練習した。 연극 대사를 잊지 않도록 열심히 연습했다.
集合 집합	集合時間は10時です。 집합 시간은 10시입니다.
つきあたり 막다른 곳	つきあたりを右に曲がると、本屋がある。 막다른 곳을 오른쪽으로 돌면 서점이 있다.
スケジュール 스케줄, 예정, 일정 (11, 17年)	いつもハードなスケジュールに追われている。 항상 고된 일정에 쫓기고 있다. 出張のスケジュールを組む。 출장 일정을 짜다.

チャンス 찬스, 기회	こんなチャンスはめったにないですよ。 이런 찬스는 좀처럼 없어요.
スイッチ 스위치	機械のスイッチを入れる。 기계 스위치를 넣다(켜다).
ステージ 스테이지, 무대	こんな大きなステージで歌うのは初めてです。 이런 큰 무대에서 노래하는 것은 처음입니다.
ゼミ 세미나, 강습회	悩んだ末に林先生のゼミをとることにした。 고민 끝에 하야시 선생님 세미나(연구 수업)를 듣기로 했다.
アイディア 아이디어	急にいいアイディアが浮かんできた。 갑자기 좋은 아이디어가 떠올랐다.
迷子 미아	子供のころ、スーパーで迷子になった。 어릴 때, 슈퍼에서 미아가 되었다.
感想 감상	その映画の感想を聞かせてください。 그 영화를 본 감상을 들려주세요.
寿命 수명	昔に比べて平均寿命が延びた。 옛날에 비해 평균 수명이 늘었다.
完了 완료	会場の準備は全て完了しました。 회장의 준비는 모두 완료했습니다.
くせ 버릇, 습관 (14年)	早起きするくせをつけようとがんばっている。 아침에 일찍 일어나는 습관을 들이려고 노력하고 있다.
常識 상식	彼はまったく常識のない人だ。 그는 전혀 상식이 없는 사람이다.
割合 비율	この会社は３対２の割合で男性の方が多い。 이 회사는 3대 2의 비율로 남성이 많다.
解決 해결	問題の解決方法を考えている。 문제의 해결 방법을 생각하고 있다.
割引 할인	この店では全商品定価の３割引で売っている。 이 가게에서는 전 상품 정가의 30% 할인해서 팔고 있다.

ぜいたく 사치, 분에 넘침	こんな大変(たいへん)な時(とき)にぜいたくをしてはいけない。 이런 힘든 때 사치를 부려서는 안 된다.
皮肉(ひにく) 빈정거림, 비꼼	彼女(かのじょ)は政治家(せいじか)に対(たい)していつも皮肉(ひにく)を言(い)っている。 그녀는 정치가에 대해 항상 비꼬아서 말하고 있다.
もよう 모양	彼女(かのじょ)は水玉(みずたま)もようのワンピースがよく似合(にあ)う。 그녀는 물방울 모양의 원피스가 잘 어울린다.
上達(じょうたつ) 숙달, 상달	彼(かれ)は何(なに)をしても他(ほか)の人(ひと)に比(くら)べて上達(じょうたつ)が早(はや)い。 그는 무엇을 해도 다른 사람에 비해 숙달이 빠르다.
評判(ひょうばん) 평판, 유명함, 소문남	無責任(むせきにん)な行動(こうどう)で評判(ひょうばん)を落(お)としてしまった。 무책임한 행동으로 평판을 잃어버렸다. 彼女(かのじょ)は社内(しゃない)で評判(ひょうばん)の美人(びじん)だ。 그녀는 사내에서 평판이 난 미인이다.
長所(ちょうしょ) 장점	私(わたし)の長所(ちょうしょ)を生(い)かせる仕事(しごと)をしたい。 나의 장점을 살릴 일을 하고 싶다.
開始(かいし) 개시, 시작	試験(しけん)は9時(じ)開始(かいし)になります。 시험은 9시에 개시됩니다.
無断(むだん) 무단, 승낙을 얻지 않음	事務所(じむしょ)に無断(むだん)で入(はい)るのは禁止(きんし)されています。 사무실에 무단으로 들어오는 것은 금지되어 있습니다.
応対(おうたい) 응대	この病院(びょういん)は患者(かんじゃ)への応対(おうたい)が悪(わる)い。 이 병원은 환자에 대한 응대가 나쁘다.
特殊(とくしゅ) 특수	大学(だいがく)で特殊教育(とくしゅきょういく)を専攻(せんこう)している。 대학에서 특수 교육을 전공하고 있다.
費用(ひよう) 비용	夏休(なつやす)みの旅行(りょこう)の費用(ひよう)を計算(けいさん)してみた。 여름 휴가의 여행 경비를 계산해 봤다.
反省(はんせい) 반성	あの子(こ)は叱(しか)られても全然反省(ぜんぜんはんせい)していないようだ。 저 아이는 야단 맞아도 전혀 반성하지 않는 것 같다.
送料(そうりょう) 송료, 운송료	送料(そうりょう)が1万円(まんえん)もかかってしまった。 송료가 만 엔이나 들었다.
専攻(せんこう) 전공	私(わたし)は大学(だいがく)で日本語(にほんご)を専攻(せんこう)しています。 나는 대학에서 일본어를 전공하고 있습니다.

柔らかい 부드럽다, 폭신폭신하다	この毛布は柔らかくて気持ちがいい。 이 담요는 부드러워서 기분이 좋다.
偉い 훌륭하다 (16年)	祖父は生物学の偉い学者でした。 할아버지는 생물학의 훌륭한 학자였습니다.
浅い 얕다	この川は浅いので子供が遊ぶのにちょうどいい。 이 강은 얕기 때문에 아이가 놀기에는 딱 좋다.
きびしい 엄하다, 엄격하다, 혹독하다	父は時間にきびしい人です。 아버지는 시간에 엄격한 사람입니다. 最近きびしい暑さが続いている。 요즘 혹독한 더위가 계속되고 있다.
うまい 맛있다, 솜씨가 훌륭하다 (16年)	ここのラーメン、すごくうまいんだ。 여기 라멘, 아주 맛있어. 兄はテニスがうまくありません。 형은 테니스를 잘 못칩니다.
もったいない 과분하다, 아깝다	食べ物を残すなんてもったいないよ。 음식을 남기다니 아까워.
のろい 동작이느리다	うちの子はやることがのろいんです。 우리 아이는 하는 행동이 느려요.
あつかましい 뻔뻔하다	彼のあつかましい態度に腹がたつ。 그의 뻔뻔한 태도에 화가 난다.
蒸し暑い 무덥다	今年の夏は去年より蒸し暑くてよく眠れない。 올 여름은 작년보다 무더워서 잘 잘 수가 없다.
しつこい 집요하다, 끈덕지다 (12年)	彼のしつこい性格が嫌になってしまった。 그의 집요한 성격이 지겨워졌다.
とんでもない 터무니 없다, 있을 수 없다	とんでもない値段でおどろいた。 터무니 없는 가격에 놀랐다.
あわただしい 분주하다, 어수선하다	年末になると、なんだか毎日あわただしい。 연말이 되면 왠지 매일 분주하다.

きつい 고되다, 힘들다	この会社は仕事がきつい。 이 회사는 일이 고되다.
ひとしい 같다, 똑같다	半年しか働いたことがないなら、経験がないにひとしい。 반년밖에 일한 적이 없다면 경험이 없는 것과 같다.
無駄な 쓸데없는, 헛된	これ以上いくらがんばっても無駄なだけだ。 더 이상 아무리 열심히 해도 소용이 없을 뿐이다.
あきらかな 분명한, 명백한, 뚜렷한	この事件に彼が関わっているのはあきらかだ。 이 사건에 그가 관련돼 있는 것은 분명하다.
派手な 화려한	母はいつも派手な色の服ばかり着ている。 어머니는 항상 화려한 색의 옷만 입는다.
楽な 편안한, 안락한	来年給料が上がれば少しは生活が楽になるだろう。 내년에 월급이 오르면 조금은 생활이 편해질 것이다.
けちな 인색한, 구두쇠인	けちな男の人は大嫌いです。 인색한 남자는 너무 싫습니다.
てきとうな 적합한, 알맞은	つぎの中からてきとうなものをえらびなさい。 다음 중에서 적절한 것을 고르세요.
夢中な 열중하는, 몰두하는	弟は漫画に夢中だ。 남동생은 만화에 빠졌다. スペイン語の勉強に夢中になっている。 스페인어 공부에 몰두하고 있다.
かわいそうな 가엾은, 불쌍한	まだ小さいのに両親が亡くなるなんて…かわいそうだね。 아직 어린데 부모가 돌아가시다니…가여워.
平凡な 평범한	この小説は平凡でつまらない内容だ。 이 소설은 평범하고 따분한 내용이다.

やっと 드디어, 마침내, 겨우, 간신히 (18年)	長い冬が終わり、やっとあたたかい春が来た。 긴 겨울이 끝나고 마침내 따뜻한 봄이 왔다.
どんどん (순조롭게 나아가는 모양)척척, 술술/잇따라,계속해서	仕事をどんどん進める。 일을 척척 진행시킨다. えんりょなくどんどん質問してください。 사양하지 말고 (기탄없이) 계속해서 질문하세요.
わりあいに 비교적	わりあいに早く仕事が終わった。 비교적 빨리 일이 끝났다.
せめて 적어도, 최소한 (최소한의 소망을 나타냄)	せめて一度だけでも会いたい。 적어도 한 번만이라도 만나고 싶다.
がっかり 낙심하는 모습, 실망하는 모습 (12年)	弟は試験に落ちて、がっかりしている。 남동생은 시험에 떨어져 실망하고 있다.
とうとう 드디어, 마침내, 결국	とうとう二人は結婚した。 드디어 두 사람은 결혼했다. 1時間以上待ったが、彼はとうとう来なかった。 1시간 이상 기다렸지만, 그는 결국 오지 않았다.
そろそろ 슬슬, 이제 곧 (11年)	そろそろゆうはんの時間です。 이제 곧 저녁 시간입니다. 時間が遅くなりましたので、そろそろ失礼します。 시간이 늦어졌기 때문에 슬슬 실례하겠습니다.
しっかり 착실히, 똑똑히, 견고한 모양	中学生にしては考えがしっかりしている。 중학생치고는 생각이 견실하다. 山を登る前に、くつのひもをしっかり結んだ。 산을 오르기 전에 신발끈을 꽉 묶었다.
ぶつぶつ 투덜투덜	彼はいつもぶつぶつ文句ばかり言っている。 그는 항상 투덜투덜 불평만 늘어놓고 있다.
いくら (~ても의 형태로) 아무리~하더라도	いくら時間が経ってもあの時のことは忘れられないだろう。 아무리 시간이 지나도 그 때의 일은 잊을 수 없을 것이다.

うっかり 깜빡, 무심코 (16年)	うっかり友達との約束を忘れてしまった。 친구와의 약속을 깜빡 잊어버렸다. うっかり秘密をしゃべってしまった。 무심코 비밀을 말해 버렸다.
ぐっすり 깊은 잠을 자는 모양, 푹	ぐっすり寝たので気分がいい。 푹 자서 기분이 좋다.
なんとか 어떻게든, 이럭저럭	予定より遅れたが、なんとか約束の時間に間に合った。 예정보다 늦었지만, 어떻게든 약속시간에는 맞췄다.
あいにく 공교롭게도, 마침	あいにく遠足の日は雨だった。 공교롭게 소풍날은 비가 왔다. 彼の家に行ってみたが、あいにく留守だった。 그의 집에 가 봤지만 공교롭게도 부재 중이었다.
別々に 따로따로, 제각각 (13年)	A「お会計はご一緒でよろしいですか？」 계산은 함께 하시겠습니까? B「別々に払います。」 따로따로 내겠습니다.
ぴったり 꼭, 딱, 착	彼にぴったりのネクタイを見つけた。 그에게 딱 맞는 넥타이를 찾았다.
たいてい 대개, 대체로	休みの日はたいてい家にいる。 휴일에는 대체로 집에 있다.
たとえ (~ても의 형태로) 설령~하더라도	たとえ家まで行ったとしても、彼女は会ってくれないだろう。 설령 집까지 가더라도 그녀는 만나 주지 않겠지.
いつのまにか 어느새	彼はいつのまにか帰ってしまった。 그는 어느새 집에 가 버렸다.
めったに 좀처럼	彼がおごってくれるなんてめったにないことです。 그가 한턱 내다니 좀처럼 없는 일입니다.
そっと 살짝, 조용히, 가만히	どろぼうは裏口からそっと入ってきたようだ。 도둑은 뒷문으로 살짝 들어온 것 같다. 彼が何をしているのかそっとのぞいてみた。 그가 무엇을 하고 있는지 조용히 엿봤다.

はきはき (말·동작·태도가 활발하고 분명한 모양) 시원시원, 또렷또렷	子供ははきはきと自分の名前を言った。 아이는 또박또박 자기의 이름을 말했다. 彼女ははきはきして感じがいい。 그녀는 시원시원해서 느낌이 좋다.
結局 결국, 마침내, 드디어	努力したが結局無駄だった。 노력했지만, 결국 허사였다.
熱心に 열심히 (18年)	田中さんは図書館でねっしんに勉強している。 다나카 씨는 도서관에서 열심히 공부하고 있다.

해석 p.148

1 연습해 봅시다. ( ) 안에 들어갈 가장 적당한 것을 ☐ 에서 고르세요.

(1) 車のかぎが( )なくて困っています。

(2) 旅行の予約を( )た。

(3) このサルのグループを( )しているのは、あの大きなサルらしい。

(4) あの会社は、この商品のおかげでずいぶん ( ) ようだ。

(5) 予約の状況を旅行会社に( )。

(6) 大切に( )いた花がさきました。

(7) 彼は小さいころから( )そだったらしい。

(8) 火事ですべての財産を( )しまった。

(9) ぬいだくつは( )おきましょう。

(10) 地震に( )古い家を修理した。

失って	取り消し	甘やかされて	支配	そなえて
そだてて	もうかった	みつから	問い合わせた	そろえて

❷ 연습해 봅시다. (　　　) 안에 들어갈 가장 적당한 것을 ☐ 에서 고르세요.

(1) 火災に注意するようにみんなに(　　　　)。

(2) 何が入っているのか、箱の中を(　　　　)みた。

(3) 彼女にはみんなが好意を(　　　　)いる。

(4) 最近は(　　　　)ジーンズが流行している。

(5) 娘にアメリカ留学を(　　　　)。

(6) インターネットを使って、世界中の情報を(　　　　)。

(7) お湯を(　　　　)お茶でも入れましょう。

(8) お金がたまったので銀行に(　　　　)。

(9) 森で大きなカブトムシを(　　　　)。

(10) 同じ間違いを(　　　　)よう注意してください。

つかむ	よびかけている	わかして	捕まえた	よせて
すすめた	繰り返さない	のぞいて	やぶれた	あずけた

❸ 연습해 봅시다.(　　　) 안에 들어갈 가장 적당한 것을 ☐ 에서 고르세요.

(1) 野球のしあいは(　　　)になりました。

(2) 私は入学式のとき、新入生を代表して(　　　)をした。

(3) この教科書は、かなり（ 　　　 ）が高い。

(4) 母が栄養の(　　　)を考えて食事を作ってくれる。

(5) ぶつかりそうになって、急いで(　　　)を踏んだ。

(6) 舞台に上がったとたん、彼は(　　　)を忘れてしまった。

(7) 彼は朝から （ 　　　 ） が悪そうだ。

(8) 郵便局はこの道の(　　　)にあります。

(9) 3ヶ月先まで、(　　　)がつまっていて休むひまもない。

(10) エネルギー節約のための(　　　)を募集する。

スケジュール	中止	スピーチ	つきあたり	せりふ
ぐあい	バランス	アイディア	ブレーキ	レベル

❹ 연습해 봅시다. (　　　) 안에 들어갈 가장 적당한 것을 ☐ 에서 고르세요.

(1) たった一度の(　　　　)を逃してしまった。

(2) 暑いので、エアコンの(　　　　)を入れた。

(3) 人気スターの(　　　　)を見に行った。

(4) 人々はその絵を見た後で、いろいろな(　　　　)をのべた。

(5) 今日の(　　　　)の参加者は3人しかいなかった。

(6) 私は大学で文学を(　　　　)している。

(7) 5,000円以上買い物すると、(　　　　)は無料です。

(8) 一般的に女性の(　　　　)は男性より長い。

(9) 会員カードを見せると10%(　　　　)になるそうだ。

(10) この店は店員の応対が悪いと(　　　　)になっている。

寿命	感想	評判	スイッチ	送料
ステージ	割引	チャンス	専攻	ゼミ

정답　(1) チャンス　　(2) スイッチ　　(3) ステージ　　(4) 感想　　(5) ゼミ
　　　(6) 専攻　　　(7) 送料　　　(8) 寿命　　　(9) 割引　　(10) 評判

5 연습해 봅시다. ( ) 안에 들어갈 가장 적당한 것을 ☐ 에서 고르세요.

(1) 今日で( )試験がおわりました。

(2) 疲れたので週末は ( ) 眠りたい。

(3) これが彼の責任であることは( )だ。

(4) 今日は( )あたたかい一日でした。

(5) ( )払いますから、お会計をお願いします。

(6) 祖母は歯の調子がわるくて、( )ものしか食べられない。

(7) 会えなくてもいいから、( )姿だけでもみたい。

(8) まだ使えるものを捨てるのは( )です。

(9) 週末は( )家にいます。

(10) ( )断られても、私の気持ちを伝えるつもりだ。

別々に	もったいない	わりあい	ぐっすり	たいてい
たとえ	あきらか	やっと	せめて	やわらかい

⑥ 연습해 봅시다.(　　　) 안에 들어갈 가장 적당한 것을 ☐ 에서 고르세요.

(1) 学生は(　　　　　)会話の勉強をしました。

(2) 彼はとても(　　　　　)ので、みんなにきらわれている。

(3) 早く(　　　　)生活がしたいと思って、毎日がんばっている。

(4) 友達が寝ている間に(　　　　　)部屋を出た。

(5) 図書館で勉強していたら(　　　　　)外は暗くなっていた。

(6) 彼は不満があるらしく、ひとりで(　　　　　)言っていた。

(7) 選手たちは毎日(　　　　　)練習を続けている。

(8) 子供用の椅子を買いに行ったが、(　　　　　)大きさのものがなかった。

(9) 遊んでいるなんて(　　　　)、毎日本当に忙しいんです。

(10) こんなチャンスは(　　　　)ありませんよ。

めったに	そっと	ぶつぶつ	とんでもない	しつこい
いつのまにか	てきとうな	きびしい	ねっしんに	楽な

정답　(1) ねっしんに　(2) しつこい　(3) 楽な　(4) そっと　(5) いつのまにか
　　　(6) ぶつぶつ　(7) きびしい　(8) てきとうな　(9) とんでもない　(10) めったに

1 연습해 봅시다

1 차 열쇠가 <u>보이지</u> 않아서 난처합니다.
2 여행 예약을 <u>취소</u>했다.
3 이 원숭이 그룹을 <u>지배</u>하고 있는 것은 저 큰 원숭이
  인 것 같다.
4 그 회사는 이 상품 덕분에 꽤 많이 <u>번 것</u> 같다.
5 예약 상황을 여행사에 <u>문의했다</u>.
6 소중히 <u>키웠던</u> 꽃이 피었습니다.
7 그는 어릴 때부터 <u>응석받이</u>로 자랐다고 한다.
8 화재로 모든 재산을 <u>잃어버렸다</u>.
9 벗은 신발은 <u>가지런히</u> 놓아둡시다.
10 지진에 <u>대비해서</u> 낡은 집을 수리했다.

2 연습해 봅시다

1 화재에 주의하도록 모두에게 <u>호소</u>하고 있다.
2 무엇이 들어 있는지 상자 안을 <u>들여다</u>보았다.
3 그녀에게는 모두가 호의를 <u>보이고</u> 있다.
4 요즘에는 <u>찢어진</u> 청바지가 유행하고 있다.
5 딸에게 미국 유학을 <u>권했다</u>.
6 인터넷을 이용해서 전세계의 정보를 <u>손에 넣는다</u>.
7 물을 <u>끓여서</u> 차라도 타 올게요.
8 돈이 모여서 은행에 <u>맡겼다</u>.
9 숲에서 큰 장수풍뎅이를 <u>잡았다</u>.
10 같은 실수를 <u>반복</u>하지 않도록 주의해 주세요.

3 연습해 봅시다

1 야구 시합은 <u>중지</u>되었습니다.
2 나는 입학식 때 신입생을 대표해서 <u>스피치</u>를 했다.
3 이 교과서는 <u>레벨</u>이 꽤 높다.
4 어머니가 영양 <u>균형</u>을 생각해서 식사를 만들어 준다.
5 부딪힐 뻔하여 급하게 <u>브레이크</u>를 밟았다.
6 무대에 올라간 순간 그는 <u>대사</u>를 잊어버렸다.
7 그는 아침부터 몸 <u>상태</u>가 안 좋아 보인다.
8 우체국은 이 길의 <u>막다른 곳</u>에 있습니다.
9 3개월 후까지 <u>일정</u>이 꽉 차서 쉴 틈도 없다.
10 에너지 절약을 위해 <u>아이디어</u>를 모집한다.

4 연습해 봅시다

1 단 한 번의 <u>기회</u>를 놓쳐 버렸다.
2 더우니까 에어컨 <u>스위치</u>를 켰다.
3 인기 스타의 <u>무대</u>를 보러 갔다.
4 사람들은 그 그림을 본 후에 여러 가지 <u>감상</u>을 말했다.
5 오늘 세미나 참가자는 3명밖에 없었다.
6 나는 대학에서 문학을 <u>전공</u>하고 있다.
7 우천 엔 이상 쇼핑하면 <u>배송료</u>는 무료입니다.
8 일반적으로 여성의 <u>수명</u>은 남성보다 길다.
9 회원 카드를 보이면 10% 할인이 된다고 한다.
10 이 가게는 점원 응대가 나쁘다고 <u>평판</u>이 나 있다.

5 연습해 봅시다

1 오늘로 <u>겨우</u> 시험이 끝났습니다.
2 피곤해서 주말에는 푹 자고 싶다.
3 이것이 그의 책임이라는 것은 <u>분명</u>하다.
4 오늘은 <u>비교적</u> 따뜻한 하루였습니다.
5 <u>따로 따로</u> 계산할 테니까 계산해 주세요.
6 할머니는 이가 좋지 않아서 <u>부드러운</u> 것밖에 못 먹
  는다.
7 못 만나도 좋으니까 <u>적어도</u> 모습만이라도 보고 싶다.
8 아직 사용할 수 있는 것을 버리는 것은 <u>아깝습니다</u>.
9 주말에는 <u>대부분</u> 집에 있습니다.
10 <u>설령</u> 거절당해도 내 마음을 전할 생각이다.

6 연습해 봅시다

1 학생은 <u>열심히</u> 회화 공부를 했습니다.
2 그는 매우 <u>집요해서</u> 모두가 싫어한다.
3 빨리 <u>편한</u> 생활을 하고 싶어서 매일 노력하고 있다.
4 친구가 자고 있는 사이에 <u>살짝</u> 방을 나왔다.
5 도서관에서 공부하고 있었더니 <u>어느새</u> 밖은 어두워
  져 있었다.
6 그는 불만이 있는 듯 혼자서 <u>투덜투덜</u>대고 있었다.
7 선수들은 매일 <u>혹독한</u> 연습을 계속하고 있다.
8 어린이용 의자를 사러 갔지만 <u>적당한</u> 크기의 것이
  없었다.
9 놀고 있다니 <u>당치도</u> 않아, 매일 정말 바빠요.
10 이런 기회는 <u>좀처럼</u> 없어요.

2019

☐ 健康 건강	☐ 参加 참가	☐ 中旬 중순
☐ 落ち着く 가라앉다, 안정되다	☐ ほえる 짖다	☐ 報告 보고
☐ 満員 만원	☐ かき混ぜる 뒤섞다	☐ 発生 발생
☐ お互いに 서로		

2018

☐ 建築 건축	☐ 埋める 묻다, 메우다	☐ 重大な 중대한
☐ 延期 연기	☐ 知り合う 서로 알다	☐ 距離 거리
☐ 活動 활동	☐ 盛ん 번성함, 왕성함	☐ 区別 구별
☐ 追いつく 따라 붙다, 도달하다		

2017

☐ 減少 감소	☐ 滞在 체제, 체류	☐ 中古 중고
☐ 分類 분류	☐ 受け取る 받다, 수취하다	☐ かれる (초목이) 시들다
☐ 断る 거절하다	☐ 引き受ける 책임지고 떠맡다, 담당하다	
☐ 身につける (기술 등을) 습득하다		☐ どきどき 두근두근

2016

☐ 空 (속이) 빔	☐ 出張 출장	☐ 消費 소비
☐ 性格 성격	☐ 募集 모집	☐ 沸騰 비등, (액체가) 끓어 오름
☐ 慰める 위로하다, 달래다	☐ 似合う 잘 어울리다	☐ 曲げる 구부리다, 굽히다
☐ 急に 갑자기		

2015

☐ 移動 이동	☐ 締め切り 마감	☐ 修理 수리
☐ 渋滞 정체	☐ 預ける 맡기다	☐ 混ぜる 풀다, 섞다

□ ゆでる 데치다, 삶다	□ 親しい 친하다	□ 新鮮だ 신선하다
□ 清潔だ 청결하다		

2014

□ 期限 기한	□ 縮小 축소	□ 制限 제한
□ 内容 내용	□ 発展 발전	□ たまる 모이다, 쌓이다
□ 伝わる 전해지다, 알려지다	□ どなる 소리치다, 고함치다	□ 話しかける 말을 걸다
□ 離す 사이를 띄우다, 옮기다		

2013 ~ 2010

□ 建設 건설	□ 効果 효과	□ 進歩 진보
□ 早退 조퇴	□ 発生 발생	□ 余る 남다, 넘치다
□ こぼす 흘리다, 엎지르다	□ 握る 쥐다, 잡다	
□ 身につける (학문,기술 등을) 익히다		□ だるい 나른하다
□ 暗記 암기	□ 活動 활동	□ 空 하늘
□ 緊張 긴장	□ 経由 경유	□ 訪問 방문
□ 募集 모집	□ 翻訳 번역	□ 行き先 행선지, 목적지
□ 通り過ぎる 지나가다, 통과하다	□ 指示 지시	□ 性格 성격
□ 植える 심다	□ 受け入れる 받아들이다	□ 断る 거절하다
□ ころぶ 구르다, 넘어지다	□ 見送る 배웅하다	□ 緩い 느슨하다, 엄하지 않다
□ 正直だ 정직하다	□ そろそろ 슬슬, 이제 곧	□ 回収 회수
□ 修理 수리	□ 未来 미래	□ ユーモア 유머
□ 落ち着く 안정되다, 진정되다	□ 区切る 단락 짓다	□ はかる (무게를) 달다, 재다
□ まずしい 가난하다	□ なだらかだ 완만하다, 원활하다	
□ そっくりだ 꼭 닮다		

問題5 ＿＿＿つぎのことばの使い方として最もよいものを、１・２・３・４から一つ
　　　えらびなさい。

1 大丈夫
1 忙しそうですが、この仕事をお願いしても大丈夫ですか。
2 あの人は体も大きくて、力も強くて、大丈夫な人です。
3 このコップはとても大丈夫です。
4 試験が終わって、大丈夫しました。

2 お見舞い
1 すてきな人とお見舞いをしました。
2 妹の誕生日にお見舞いをあげました。
3 旅行に行って、きれいなお見舞いを買いました。
4 病院へ花をもって、お見舞いに行きました。

3 興味
1 私は日本の文化に興味があります。
2 私の興味はサッカーです。
3 私はいろいろなことに興味します。
4 同じ興味の人と友だちになりたいです。

4 必要
1 日本へ行く時ビザを必要します。
2 雨が降るかもしれませんから、かさを必要してください。
3 この図書館では本の必要なページをコピーしてくれます。
4 ここに名前や住所などを必要に書いてください。

5 専門
1 木村さんの専門は経済です。
2 イさんは歴史を専門しています。
3 私はいろいろなことを母に専門に相談します。
4 これは専門な問題ですから、私はよく分かりません。

정답　　1 ①　　2 ④　　3 ①　　4 ③　　5 ①

問題5 ＿＿つぎのことばの使い方として最もよいものを、１・２・３・４から一つ
えらびなさい。

1 はっきり

1 カンさんは<u>はっきり</u>な理由がないのに学校をやめた。

2 今日は朝から天気が<u>はっきり</u>している。

3 病気が<u>はっきり</u>治ってよかったね。

4 そんなことはやりたくないと<u>はっきり</u>言った。

2 連絡

1 山田さんから<u>連絡</u>した話によると、明日は寒いそうだ。

2 来週、会いたいと妹に<u>連絡</u>を書きました。

3 10年ぶりに、友だちから<u>連絡</u>があった。

4 彼女は、よく手紙をくれる<u>連絡</u>な人です。

3 タイプ

1 この野菜は育てやすく、初めての人<u>タイプ</u>なものです。

2 きょうは冬の<u>タイプ</u>らしい寒い日でした。

3 これは政治を<u>タイプ</u>にしたニュースです。

4 この機械は、つくえの上において使う<u>タイプ</u>です。

4 うるさい

1 子どもが大きな声で話していて<u>うるさい</u>。

2 お客さんがたくさん来て<u>うるさい</u>になった。

3 あの人はいやな話ばかりして<u>うるさい</u>の人だ。

4 つくえの上には本が<u>うるさい</u>ほどある。

5 はく

1 このシャツはまだ<u>はける</u>。

2 先生は、すてきな帽子を<u>はいて</u>いる。

3 さいきん太ってズボンが<u>はけなく</u>なった。

4 この指輪は、私の指には<u>はけない</u>。

정답   1④   2③   3④   4①   5③

問題5 ＿＿＿つぎのことばの使い方として最もよいものを、１・２・３・４から一つ
　　　えらびなさい。

1 そろそろ

　1 友だちが来月国へ帰るのでそろそろさびしいです。

　2 もう７時ですね。そろそろ失礼します。

　3 119番ですか。火事です！そろそろ来てください。

　4 こんにちは。そろそろ暑くなりましたね。

2 席

　1 つくえとせきを並べてください。

　2 自分のせきに座ってください。

　3 デパートでせきを２つ買いました。

　4 公園に小さいせきがあります。

3 拝見します

　1 わたしはきのう新聞を拝見しました。

　2 先生、わたしの作文を拝見しましたか。

　3 わたしは先週社長のご家族の写真を拝見しました。

　4 わたしはデパートで社長の奥さんを拝見しました。

4 勤める

　1 父はコンピュータの会社に勤めています。

　2 将来自分の会社を勤めたいです。

　3 毎日8時に勤めています。

　4 いつも勤めた後で会社の人とビールを飲みます。

5 大勢

　1 つくえの上に本が大勢あります。

　2 きのう料理を大勢作りました。

　3 大勢の人がパーティに来ました。

　4 川で大勢の魚が泳いでいますよ。

정답　　1 ②　　2 ②　　3 ③　　4 ①　　5 ③

問題5 ＿＿＿ つぎのことばの使い方として最もよいものを、１・２・３・４から一つ
えらびなさい。

1 今にも

1 その子は今にも泣き出しそうだった。
2 父は、今にも仕事をしているはずだ。
3 山田さんは、今にも来るでしょう。
4 彼は、今にも東京に住んでいる。

2 思い出す

1 この写真を見ると子どものころのことを思い出します。
2 パソコンは難しいですね。すぐには思い出せません。
3 彼はいつもいいアイディアをたくさん思い出す人だ。
4 もう60歳だが、思い出して留学することにした。

3 無事

1 来週は予定がないのでいつでも無事です。
2 戦争のない無事な世界になってほしい。
3 おかげさまで無事に発表が終わった。
4 無事な旅行を楽しんできてください。

4 年上

1 この子はまだ年上でないから、学校に行けない。
2 私の上司は私より若いが、会社では私の年上になる。
3 田中先輩は私より年上に大学に入学した。
4 このクラスの学生の中で、私が一番年上だ。

5 ミス

1 自分一人で生きていると思うのは、大きなミスだ。
2 電車をミスしないように、時間を調べておこう。
3 今回の事故は、小さな運転ミスから起こった。
4 道をミスして、違うところへ行ってしまった。

정답　　1 ①　　2 ①　　3 ③　　4 ④　　5 ③

問題5 ＿＿つぎのことばの使い方として最もよいものを、1・2・3・4から一つ
　　　えらびなさい。

1 ひどい

1　きのうは先生に<u>ひどく</u>しかられた。

2　あまり<u>ひどい</u>運動は、体によくありません。

3　映画がおもしろくて、<u>ひどく</u>笑った。

4　アルコールがとても<u>ひどい</u>酒を飲んだ。

2 ちゃんと

1　彼女は<u>ちゃんと</u>な会社に就職した。

2　<u>ちゃんと</u>勉強しないと、大学に入れませんよ。

3　田中さんは、とても時間に<u>ちゃんと</u>です。

4　このへんには、<u>ちゃんと</u>ホテルがありません。

3 注目（ちゅうもく）

1　誰かの<u>注目</u>を背中に感じた。

2　目が痛くなったので、薬を<u>注目</u>した。

3　新しいダイエット食品が、女性たちの<u>注目</u>を集めている。

4　すばらしい絵に、時間が経（た）つのも忘れて<u>注目</u>した。

4 あまる

1　明日は9時にここに<u>あまって</u>ください。

2　毎日３０度を<u>あまる</u>暑さが続いている。

3　試験がやさしかったので、時間が<u>あまりました</u>。

4　まだ仕事が<u>あまって</u>いるので、家に帰れません。

5 成長（せいちょう）

1　熱心（ねっしん）に勉強したので、成績が<u>成長</u>（せいちょう）した。

2　先進国（せんしんこく）では、子供の数があまり<u>成長</u>（せいちょう）しない。

3　この写真を二倍に<u>成長</u>（せいちょう）してください。

4　この国の経済は、最近大きく<u>成長</u>（せいちょう）した。

확인문제 ①

1 바쁜 듯한데, 이 일을 부탁해도 <u>괜찮겠습니까</u>?
2 병원에 꽃을 가지고 <u>병문안</u> 갔습니다.
3 나는 일본 문화에 <u>흥미</u>가 있습니다.
4 이 도서관에서는 책의 <u>필요한</u> 페이지를 복사해 줍니다.
5 기무라 씨의 <u>전공</u>은 경제입니다.

확인문제 ②

1 그런 것은 하고 싶지 않다고 <u>확실히</u> 말했다.
2 10년 만에 친구로부터 <u>연락</u>이 있었다.
3 이 기계는 책상 위에 두고 사용하는 <u>타입(형)</u>입니다.
4 아이가 큰 소리로 이야기해서 <u>시끄럽다</u>.
5 요즘 살이 쪄서 바지를 <u>입을</u> 수 없게 되었다.

확인문제 ③

1 벌써 7시네요. <u>슬슬</u> 실례하겠습니다.
2 자기 <u>자리</u>에 앉아 주세요.
3 저는 지난주 사장님 가족의 사진을 <u>보았습니다</u>.
4 아버지는 컴퓨터 회사에 <u>근무하고</u> 있습니다.
5 <u>많은</u> 사람이 파티에 왔습니다.

확인문제 ④

1 그 아이는 <u>당장이라도</u> 울음을 터뜨릴 것 같았다.
2 이 사진을 보면 어렸을 때의 <u>일이 생각납니다</u>.
3 덕분에 <u>무사히</u> 발표가 끝났다.
4 이 반의 학생 중에서 내가 제일 <u>연장자이다</u>.
5 이번 사고는 작은 운전 <u>실수</u> 때문에 일어났다.

확인문제 ⑤

1 어제는 선생님께 <u>심하게</u> 혼났다.
2 <u>제대로</u> 공부하지 않으면 대학교에 들어갈 수 없어요.
3 새로운 다이어트 식품이 여성들의 <u>주목</u>을 모으고 있다.
4 시험이 쉬웠기 때문에 시간이 <u>남았습니다</u>.
5 이 나라의 경제는 최근 크게 <u>성장했다</u>.

|M|E|M|O|

문자 · 어휘 실전문제

정답 및 해설 p.163~164

問題1 _____のことばの読み方として最もよいものを、1・2・3・4から一つえらびなさい。

1 みんなの反応は思ったよりよかった。
　　1　はんおう　　　　2　ばんのう　　　　3　ばんおう　　　　4　はんのう

2 あの子は行儀がいい。
　　1　こうぎ　　　　　2　ごうぎ　　　　　3　ぎょうぎ　　　　4　きょうぎ

3 チューリップは秋に植える花です。
　　1　うえる　　　　　2　こえる　　　　　3　はえる　　　　　4　ふえる

4 幅の広い靴なら大きいスーパーにもあります。
　　1　かたち　　　　　2　はば　　　　　　3　かわ　　　　　　4　おもて

5 今週の金曜日が期限です。
　　1　きっがん　　　　2　きがん　　　　　3　きっげん　　　　4　きげん

6 最近仕事が忙しくて、残業が多い。
　　1　むずかしくて　　2　くるしくて　　　3　いそがしくて　　4　したしくて

7 人の傘を勝手に使ってはいけません。
　　1　わがままに　　　2　はでに　　　　　3　かってに　　　　4　あいてに

8 あの学校を希望します。
　　1　きも　　　　　　2　きぼ　　　　　　3　きもう　　　　　4　きぼう

問題2 _____のことばを漢字で書くとき、最もよいものを、1・2・3・4から一つえらびなさい。

9 この部屋は関係者<u>いがい</u>は入れません。
1 異外　　　　　2 以外　　　　　3 他外　　　　　4 意外

10 マンガを読んで<u>かんどう</u>して泣いたのは、今回が初めてだった。
1 感慟　　　　　2 感働　　　　　3 感動　　　　　4 感重

11 来週の旅行は人気のあるホテルに<u>とまる</u>ことにした。
1 止まる　　　　2 泊まる　　　　3 宿まる　　　　4 決まる

12 兄が作る料理はいつも味が<u>こい</u>。
1 甘い　　　　　2 薄い　　　　　3 辛い　　　　　4 濃い

13 先輩はいつも<u>しんけん</u>に仕事をしている。
1 心剣　　　　　2 心見　　　　　3 真剣　　　　　4 真見

14 春になったら、花の<u>たね</u>をまこうと思っている。
1 芽　　　　　　2 種　　　　　　3 実　　　　　　4 草

問題3 （　　　　　）に入れるのに最もよいものを、1・2・3・4から一つえらびなさい。

15 明日面接があるので、今から（　　　　　）している。
1 ふらふら　　　　2 にこにこ　　　　3 いらいら　　　　4 どきどき

16 あの二人は朝から全然話をしない。（　　　　　）けんかをしたらしい。
1 どうも　　　　2 ぜひ　　　　3 まさか　　　　4 もしかしたら

17 今回、食事（　　　　　）は、いくらぐらいかかりそうですか。
1 代　　　　2 費　　　　3 料　　　　4 賃

18 バナナは皮を（　　　　　）食べます。
1 ぬいで　　　　2 むいて　　　　3 はずして　　　　4 みがいて

19 友達の子供の（　　　　　）を見ることになって、大変だった。
1 迷惑　　　　2 心配　　　　3 面倒　　　　4 世話

20 疲れましたね。お茶でも（　　　　　）。
1 注ぎましょうか　　2 作りましょうか　　3 かけましょうか　　4 入れましょうか

21 パソコンが動かないなら、（　　　　　）しましょう。
1 改善　　　　2 修理　　　　3 治療　　　　4 整理

22 人が足りないので、アルバイトを（　　　　　）しましょう。
1 募集　　　　2 応募　　　　3 心配　　　　4 予約

23 飲み過ぎ、食べ過ぎは、（　　　　　）に良くないですよ。
1 環境　　　　2 感覚　　　　3 生活　　　　4 健康

24 かぜを引いたようで、体が（　　　　　）。
1 温かい　　　　2 軽い　　　　3 だるい　　　　4 痛い

25 学生の様子を知るために、学校生活についての（　　　　　）を行いました。
1 テーマ　　　　2 アンケート　　　　3 スピーチ　　　　4 レポート

問題4 _____に意味が最も近いものを、1・2・3・4から一つえらびなさい。

26 彼は<u>ぜいたくな</u>生活をしている。
　　1　お金をたくさん使う　　　　　　　2　お金をあまり使わない
　　3　時間がたくさんある　　　　　　　4　時間があまりない

27 ホームページに<u>アクセス</u>できない場合、ご連絡ください。
　　1　記入（きにゅう）　　2　接続（せつぞく）　　3　交流（こうりゅう）　　4　参加（さんか）

28 このバスはいつも <u>混んでいる</u>。
　　1　人が少ない　　　2　人が多い　　　3　きれいだ　　　4　きたない

29 彼はよく人の<u>批判</u>をする。
　　1　悪いところを言う　　　　　　　2　いいところを言う
　　3　悪いところに気がつく　　　　　4　いいところに気がつく

30 先輩に<u>いきなり</u>仕事を頼まれた。
　　1　さっき　　　　2　たくさん　　　3　いろいろ　　　4　急に

問題5 つぎのことばの使い方として最もよいものを、1・2・3・4から一つえらびなさい。

31 ぬるい

1 この部屋がぬるいのは、エアコンが壊れているからだ。
2 今日は天気もよく、ぬるくて春らしい日だ。
3 薬を飲んで、熱がぬるくなった。
4 このスープはぬるくて、おいしくない。

32 片付ける

1 この仕事を片付けたら、帰ろう。
2 この料理はおいしいから、みんなすぐに片付けてしまうよ。
3 壊れて使えない物は、ごみ置き場に片付けた。
4 きょうは暑かったので、おふろで体を片付けたい。

33 実験する

1 気に入ったくつがあったので、足が入るかどうか実験した。
2 この薬とあの薬を混ぜたらどうなるのか、実験してみよう。
3 面接のほかに、どのぐらい日本語がわかるのか実験します。
4 変な物が入っていないか実験してから送ってください。

34 お土産

1 友達の家に遊びに行く途中で、お土産にケーキを買った。
2 子供の誕生日のお土産は、どんな物がいいのだろう。
3 友人の結婚式にお皿をお土産に贈った。
4 先生が入院したので、くだものをお土産に持っていった。

35 ぴったり

1 林さんはまじめでぴったりしているので、信じられる人だ。
2 夏休みはどこかに旅行して、ぴったり過ごしたい。
3 今の気持ちにぴったりした言葉が見つかりません。
4 あの親子は本当にぴったりな顔をしている。

문제 1 _____ 의 단어의 읽는 법으로 가장 적절한 것을 1 · 2 · 3 · 4에서 하나 고르시오.

1 みんなの反応は思ったよりよかった。

1 はんおう　　　　2 ばんのう　　　　3 ばんおう　　　　4 はんのう

정답 4　모두의 반응은 생각한 것보다 좋았다.

어휘 みんな 모두 | 反応 반응

해설 자극의 결과로서 일어나는 「反応(반응)」은 읽기 문제에서 실수하기 좋은 단어이다. 한국어 발음에 맞추어 「ばんおう」로 읽지 않도록 주의해야 하며 「反省 (반성), 応募(응모)」 등도 함께 익혀 두자.

2 あの子は行儀がいい。

1 こうぎ　　　　　2 ごうぎ　　　　　3 ぎょうぎ　　　　4 きょうぎ

정답 3　그 아이는 예의 바르다.

어휘 行儀 예의 범절

해설 「行(행)」은 음독 「こう・ぎょう」, 훈독 「おこなう・いく」이며 사람의 행동을 나타내는 「儀(의)」는 음독 「ぎ」라고 읽고 '예의'의 의미를 가진다. 다음 단어도 학습해 두자. 「行事(행사), 行列(행렬)」

3 チューリップは秋に植える花です。

1 うえる　　　　　2 こえる　　　　　3 はえる　　　　　4 ふえる

정답 1　튤립은 가을에 심는 꽃입니다.

어휘 チューリップ 튤립 | 秋 가을 | 植える (나무 등을) 심다

해설 「植(식)」은 음독 「しょく」, 훈독 「うえる・うわる」로 읽으며 '(나무 등을) 심다' 1번이 정답이다. 그 외 다음 단어들도 학습해 두자. 「超える (넘다, 넘어서다), 生える (나다, 자라다), 増える (늘어나다, 늘다)」

4 幅の広い靴なら大きいスーパーにもあります。

1 かたち　　　　　2 はば　　　　　　3 かわ　　　　　　4 おもて

정답 2　폭이 넓은 구두라면 대형 슈퍼마켓에도 있습니다.

어휘 広い 넓다 | 靴 신발, 구두 | 大きい 크다 | スーパー 슈퍼마켓

해설 「幅(폭)」은 음독 「ふく・ぷく」, 훈독 「はば」로 읽는다. '폭과 너비'를 나타내는 훈독의 읽기를 나타내는 2번이 정답이다.
「形 (모양, 형태), 皮 (가죽, 껍질), 表 (앞면, 겉, 표면)」 등도 알아두자.

5 今週の金曜日が期限です。

1 きっがん　　　　2 きがん　　　　　3 きっげん　　　　4 きげん

정답 4　이번 주 금요일이 기한입니다.

어휘 今週 이번 주 | 期限 기한

해설 「期(기)」는 음독 「き・ご」, 「限 (한)」은 음독 「げん」 훈독 「かぎる」이다. 「期間 (기간)」과 혼동하지 않도록 해야 하며, 「限定(한정), 限度 (한도)」 등과 함께 학습해 두자.

6　最近仕事が<u>忙</u>しくて、残業が多い。

　　1　むずかしくて　　　　2　くるしくて　　　　3　いそがしくて　　　4　したしくて

정답 **3**　최근 일이 바빠서 잔업이 많다.

어휘　最近 최근 | 仕事 일 | 残業 잔업, 야근 | 多い 많다

해설　「忙 (망)」은 음독「ぼう」, 훈독「いそがしい」이며 '바쁘다'는 의미인 훈독읽기를 묻고 있다. 정답은 3번이며 그 외,「難しい (어렵다), 苦しい (괴롭다, 고통스럽다), 親しい (친하다)」도 알아 두자.

7　人の傘を<u>勝手</u>に使ってはいけません。

　　1　わがままに　　　　2　はでに　　　　　3　かってに　　　　4　あいてに

정답 **3**　다른 사람의 우산을 마음대로 사용해서는 안 됩니다.

어휘　傘 우산 | 使う 사용하다 | 勝手に 제멋대로, 자기 좋을 대로 | ～てはいけません ~해서는 안 됩니다

해설　이 문제는 읽기 문제이므로 의미로 생각해「わがまま」와 혼동하지 않도록 정답 선별에 주의해야 하며 마음대로, 제멋대로의 3번「勝手に」가 정답이다. 그 외,「わがままに (제멋대로, 버릇 없이), 派手に (화려하게), 相手に (상대로)」도 함께 익혀 두자.

8　あの学校を<u>希望</u>します。

　　1　きも　　　　　　2　きぼ　　　　　　3　きもう　　　　　4　きぼう

정답 **4**　그 학교를 희망합니다.

어휘　希望する 희망하다

해설　「希(기)」는 음독「き」로 읽으며,「望(망)」은 음독「ぼう・もう」, 훈독「のぞむ, のぞましい」로 읽는다. 정답은 4번으로 읽기에 주의해 학습해 두자.

문제 2 　_____의 단어를 한자로 쓸 때 가장 적절한 것을 1 · 2 · 3 · 4에서 하나 고르시오.

9　この部屋は関係者<u>いがい</u>は入れません。

　　1. 異外　　　　　2　以外　　　　　3　他外　　　　　4　意外

정답 **2**　이 방은 관계자 이외는 들어갈 수 없습니다.

어휘　部屋 방 | 関係者 관계자 | 入る 들어가다, 들어오다 | 以外 이외 | 意外 의외(뜻밖)

해설　관계자 이외, 그 밖의 의미인「以外」2번이 정답이다. 발음상으로는「意外」도 같으나 '의외'의 의미이므로 문맥과 맞지 않다.

10　マンガを読んで<u>かんどう</u>して泣いたのは、今回が初めてだった。

　　1. 感慟　　　　　2　感慟　　　　　3　感動　　　　　4　感重

정답 **3**　만화를 읽고 감동해서 운 것은 이번이 처음이었다.

어휘　漫画 만화 | 感動 감동 | 泣く 울다 | 今回 이번, 금번 | 初めて 최초로, 처음으로

해설　한자의 표기를 묻는 문제로 비슷하게 생긴 한자의 모양새를 잘 익혀 두자. '마음이 움직이다'라는 의미로

3번 「感動(감동)」이 정답이다. 「動く(움직이다)」,「働く(일하다)」,「重い(무겁다)」는 단어에서 의미를 생각해 표기를 구분할 수 있도록 하며 「感覚(감각)」도 함께 학습해 두자.

11 来週の旅行は人気のあるホテルに<u>とまる</u>ことにした。

1 止まる　　　　2 泊まる　　　　3 宿まる　　　　4 決まる

정답 2　다음 주 여행은 인기 있는 호텔에 숙박하기로 했다.

어휘 来週 다음 주 | 旅行 여행 | 人気 인기 | ホテル 호텔 | 止まる 멈추다, 서다 | 泊まる 머무르다, 숙박하다 | 決まる 결정되다

해설 호텔에 '숙박하다, 머무르다'의 의미로 2번 「泊まる/宿泊する」가 정답이다. 표기 문제의 경우 한자의 모양새에 관한 문제도 출제되나, 그 한자가 지닌 뜻에 중점을 두는 문제도 출제된다. 발음상 「止まる(멈추다, 서다)」는 문맥에 사용되는 '숙박하다' 의 의미가 아니므로 주의하자.

12 兄が作る料理はいつも味が<u>こい</u>。

1 甘い　　　　2 薄い　　　　3 辛い　　　　4 濃い

정답 4　형(오빠)이 만든 요리는 언제나 맛이 진하다.

어휘 兄 형, 오빠 | 作る 만들다 | 料理 요리 | いつも 언제나, 항상 | 味 맛

해설 「濃い」는 '진하다'라는 의미로 4번이 정답이다. 그 외 맛을 나타내는 「甘い(달다, 달콤하다), 薄い (연하다, 싱겁다), 辛い(맵다)」 등도 함께 학습해 두자.

13 先輩はいつも<u>しんけん</u>に仕事をしている。

1 心剣　　　　2 心見　　　　3 真剣　　　　4 真見

정답 3　선배는 언제나 진지하게 일하고 있다.

어휘 先輩 선배 | いつも 언제나, 항상 | 真剣に 진지하게 | 仕事をする 일을 하다

해설 선택지 모두가 발음상 「しんけん」으로 읽지만 「진정, 진지함」을 나타내는 올바른 한자 표기는 「真剣」으로 정답은 3번이다.

14 春になったら、花の<u>たね</u>をまこうとおもっている。

1 芽　　　　2 種　　　　3 実　　　　4 草

정답 2　봄이 되면 꽃씨를 뿌리려고 생각한다.

어휘 春 봄 | まく 파종하다, 씨를 뿌리다

해설 「種」는 '씨, 씨앗'이란 의미로 정답은 2번이다. 관련어로 「種類(종류)」도 함께 익혀 두어야 하며 그 외, 「芽 (초목의) 싹, 実 (열매), 草 (풀, 잡초)」 등도 학습해 두자.

문제 3　(　　　)에 들어갈 가장 적절한 것을 1·2·3·4에서 하나 고르시오.

15 明日面接があるので、今から(　　　)している。

1 ふらふら　　　2 にこにこ　　　3 いらいら　　　4 どきどき

정답 **4** 오늘은 면접이 있어서, 지금부터 긴장된다.

어휘 明日 내일 | 面接 면접 | ふらふら 비틀 비틀, 휘청휘청 | にこにこ 생글생글 | いらいら 안절부절, 초조해하는 모양 | どきどき 두근두근

해설 문맥에 맞는 적절한 어휘를 고르는 문제이다. 이 문제는 내일 면접이 있어 긴장해 있는 상태를 나타내므로 4번이 정답이다. 이 문제의 경우 3번의 「いらいら」는 생각대로 되지 않아 불쾌한 일이 있거나 하여 침착하지 못한 상태, 또는 초조한 상태를 나타낼 때 사용하므로 3번은 오답이다.

---

16 あの二人は朝から全然話をしない。(　　　)けんかをしたらしい。

　1　どうも　　　　　2　ぜひ　　　　　3　まさか　　　　　4　もしかしたら

정답 **1** 저 두 사람은 아침부터 전혀 이야기를 하지 않는다. 아무래도 싸움을 한 것 같다.

어휘 朝 아침 | 全然 (부정어와 함께)전혀, 조금도 | けんかをする 싸움을 하다 | どうも 아무래도, 어쩐지 | ぜひ 꼭,반드시 | まさか 설마 | もしかしたら 어쩌면

해설 이 문제는 부사의 올바른 사용법을 묻는 문제이다. 전혀 이야기를 하지 않는 상태를 보고 싸움한 것 같다고 추측하는 내용이므로 '어딘지, 어쩐지'라고 추측하고 있는 1번이 정답이다. 「まさか(설마)」는 「ないだろう(~지 않을 것이다, ~않겠지)」를, 「もしかしたら(혹시, 어쩌면)」는 「かもしれない(~일지 모른다)」를 동반한다.

---

17 今回、食事(　　　)は、いくらぐらいかかりそうですか。

　1　代　　　　　2　費　　　　　3　料　　　　　4　賃

정답 **1** 이번 식사비는 얼마 정도 들 것 같습니까?

어휘 今回 이번, 금번 | いくら 얼마 | ぐらい 정도, 쯤 | かかる 걸리다, 소요되다

해설 「代」는 '대금, 값'을 말하며 「食事代」인 1번이 정답이다. 이 문제의 경우 비용이나 요금을 나타내는 2,3번을 답으로 생각할 수 있으므로 주의해야 하며 선택지의 다음 접미어도 확인해 두자.

「代」:「食事代(식사비), 電気代(전기요금), 新聞代(신문대금)」
「費」:「生活費(생활비), 交通費(교통비), 宣伝費(선전비)」
「料」:「使用料 (사용료), 授業料(수업료), 入場料(입장료)」
「賃」:「家賃(집세), 運賃 (운임)」

---

18 バナナは皮を(　　　)食べます。

　1　ぬいで　　　　2　むいて　　　　3　はずして　　　4　みがいて

정답 **2** 바나나는 껍질을 벗겨서 먹습니다.

어휘 皮 가죽, 껍질 | 脱ぐ 벗다 | むく(껍질 등) 벗기다, 까다 | 外す 떼다, 끄르다, 벗다 | 磨く 닦다, 연마하다

해설 껍질을 벗기거나, 까서 먹는 것이므로 2번 「皮をむく(껍질을 벗기다)」가 정답이다. 그 외, 「服を脱ぐ(옷을 벗다)」,「眼鏡を外す(안경을 벗다)」,「歯を磨く(이를 닦다)」의 표현도 통째도 외워 두자.

---

19 友達の子供の(　　　)を見ることになって、大変だった。

　1　迷惑　　　　　2　心配　　　　　3　面倒　　　　　4　世話

정답 **3** 친구 아이를 돌보게 되어 힘들었다.

어휘 大変だ 힘들다, 고생스럽다, 큰일이다 | 迷惑 폐, 귀찮음 | 心配 걱정, 염려 | 面倒 번거로움, 돌봄 | 面倒を見る 돌보다, 보살피다 | 世話 도와줌, 보살핌

해설 「子供の ～を見る」의 문맥상 아이를 돌보고 보살핀다는 의미인 「面倒を見る」(돌보다, 보살피다)가 정답이다. 4번의 경우, 「～をする(보살피다)」로 활용이 되며, 그 외 「心配する(걱정하다)」, 「迷惑をかける(폐를 끼치다)」, 「迷惑になる(폐가 되다)」도 함께 알아 두자.

---

[20] 疲れましたね。お茶でも(　　)。

　　1　注ぎましょうか　　　2　作りましょうか　　　3　かけましょうか　　　4　入れましょうか

정답 4　지쳤네요. 차라도 마실까요.

어휘 疲れる 지치다, 피로해지다 | お茶を入れる 차를 끓여 내다 | 注ぐ 붓다, 따르다, (정신을) 쏟다

해설 '차를 끓여 타내다'라는 의미로 「お茶を入れる」의 형태로 쓰이는 4번이 정답이다. 정해진 숙어표현으로 학습해 두자.

---

[21] パソコンが動かないなら、(　　)しましょう。

　　1　改善　　　　　　2　修理　　　　　　3　治療　　　　　　4　整理

정답 2　컴퓨터가 움직이지 않으니까, 수리합시다.

어휘 パソコン 퍼스널 컴퓨터 | 動く 움직이다 이동하다 | 改善 개선 | 修理 수리 | 治療 치료 | 整理 정리

해설 부서지고 고장 난 것을 수리해서 고친다는 의미이므로 「修理する(수리하다)」 2번이 정답이다.

---

[22] 人が足りないので、アルバイトを(　　)しましょう。

　　1　募集　　　　　　2　応募　　　　　　3　心配　　　　　　4　予約

정답 1　사람이 부족하니까, 아르바이트를 모집합시다.

어휘 足りない 부족하다 | アルバイト 아르바이트 | 募集 모집 | 応募 응모 | 心配 걱정, 염려 | 予約 예약

해설 앞 문장에서 사람이 부족하다는 의미가 나와 있으므로 「アルバイトを募集(아르바이트 모집)」로 생각할 수 있으므로 정답은 1번이다.

---

[23] 飲み過ぎ、食べ過ぎは、(　　)に良くないですよ。

　　1　環境　　　　　　2　感覚　　　　　　3　生活　　　　　　4　健康

정답 4　과음, 과식은 건강에 좋지 않아요.

어휘 飲み過ぎ 과음 | 食べ過ぎ 과식 | 環境 환경 | 感覚 감각 | 生活 생활 | 健康 건강

해설 '과음과 과식은 건강에 좋지 않다'이므로 4번 「健康(건강)」이 정답이다.

---

[24] かぜを引いたようで、休が(　　)。

　　1　温かい　　　　　2　軽い　　　　　　3　だるい　　　　　4　痛い

정답 3　감기에 걸린 것 같아 몸이 나른하다.

어휘 風邪をひく 감기에 걸리다 | 体 몸, 신체 | 温かい 따뜻하다 | 軽い 가볍다 | だるい 나른하다, 노곤하다 | 痛い 아프다

해설 감기에 걸려 '몸 상태가 ~하다'에 적합한 단어가 들어가야 하므로 3번 「だるい(나른하다)」가 정답이다. 4번 「痛い」의 경우 「頭が痛い(머리가 아프다)」와 같이 특정 신체부위가 아프다고 할 때 사용한다.

25 学生の様子を知るために、学校生活についての(　　)を行いました。

　　1　テーマ　　　　　　2　アンケート　　　3　スピーチ　　　　4　レポート

정답 2　학생들의 모습을 알기 위해서, 학교 생활에 대해서의 앙케트를 실시했습니다.

어휘 様子 모습, 모양, 상태 | 行う 행하다, 실시하다 | テーマ 테마 | アンケート 앙케이트,설문 | スピーチ 스피치 | レポート 레포트

해설 학생들의 모습을 알기 위해 조사를 실시하는 것이므로 2번「アンケートを行う」가 정답이다.

분제 4 _____의 의미가 가장 적절한 것을 1·2·3·4에서 하나 고르시오.

26 彼はぜいたくな生活をしている。

　　1　お金をたくさん使う　　　　　　　2　お金をあまり使わない

　　3　時間がたくさんある　　　　　　　4　時間があまりない

정답 1　그는 사치스러운 생활을 하고 있다.

어휘 贅沢だ 사치스럽다 | たくさん 많음 | あまりない 그다지 없다

해설「贅沢だ」는 '사치스럽다, 분에 넘친다'는 의미로 가장 가까운 표현은 1번「お金をたくさん使う(돈을 많이 사용하다)」가 된다.

---

27 ホームページにアクセスできない場合、ご連絡ください。

　　1　記入　　　　　　2　接続　　　　　　3　交流　　　　　　4　参加

정답 2　홈페이지에 액세스 할 수 없는 경우, 연락주세요.

어휘 ホームページ 홈페이지 | アクセス 액세스 | 場合 경우 | 連絡 연락 | 記入 기입 | 接続 접속 | 交流 교류 | 参加 참가

해설 네트워크나 시스템에 접속하는 것을 '액세스'라고 한다.

---

28 このバスはいつも混んでいる。

　　1　人が少ない　　　2　人が多い　　　3　きれいだ　　　4　きたない

정답 2　이 버스는 항상 붐빈다.

어휘 少ない 적다 | 多い 많다 | きれいだ 깨끗하다, 예쁘다 | きたない 더럽다

해설 '(많은 사람으로) 붐비다, 복작거리다, 혼잡을 이루다'라는 뜻을 가진 동사는「混む」이므로, 2번「人が多い(사람이 많다)」가 정답이며,「少ない(적다)」를 '적지 않다'로 외우지 않도록 주의한다.

---

29 彼はよく人の批判をする。

　　1　悪いところを言う　　　　　　　2　いいところを言う

　　3　悪いところに気がつく　　　　　4　いいところに気がつく

정답 1　그는 자주 사람을 비판한다.

어휘 批判する 비판하다 | 悪い 나쁘다 | 気がつく 알아차리다, 정신이 들다, 생각이 미치다

해설「批判する」는 '비판하다' 즉, 나쁜 점을 말하는 것으로 2, 4번은 오답이며「気がつく」는 '(눈에 띄거나 하여) 생각이 미치다, 정신이 들다'라는 뜻이다.

30 先輩にいきなり仕事を頼まれた。

　　1　さっき　　　　　　2　たくさん　　　　　3　いろいろ　　　　4　急に

정답 4　선배에게 느닷없이 일을 부탁 받았다.

어휘 先輩 선배 | いきなり 돌연, 갑자기, 느닷없이 | 仕事 일 | 頼む 부탁하다, 의뢰하다 | さっき 아까, 조금 전 | たくさん 많음 | いろいろ 여러 가지 | 急に 갑자기

해설 「いきなり」는 '갑자기, 느닷없이'란 의미로 가장 가까운 표현은 4번「急に (갑자기)」이다.

문제 5　다음 단어의 사용법으로 가장 적절한 것을 1·2·3·4에서 하나 고르시오.

31 ぬるい

　　1　この部屋がぬるいのは、エアコンが壊れているからだ。

　　2　今日は天気もよく、ぬるくて春らしい日だ。

　　3　薬を飲んで、熱がぬるくなった。

　　4　このスープはぬるくて、おいしくない。

정답 4　이 스프는 미지근해서 맛없다.

어휘 部屋 방 | ぬるい 미지근하다 | エアコン 에어컨 | 壊れる 깨지다, 부서지다, 고장 나다

해설 「ぬるい」는 '미지근하다'로 목욕물, 차 등이 적당한 온도보다 낮다는 의미로 쓰이므로 정답은 4번이다. 그 외 1번은「部屋が暑い(방이 덥다)」, 2번은「暖かくて春らしい日だ(따뜻해서 봄다운 날이다)」, 3번은「熱が下がった(열이 내렸다)」가 적합하다.

32 片付ける

　　1　この仕事を片付けたら、帰ろう。

　　2　この料理はおいしいから、みんなすぐに片付けてしまうよ。

　　3　壊れて使えない物は、ゴミ置き場に片付けた。

　　4　きょうは暑かったので、おふろで体を片付けたい。

정답 1　이 일을 정리하면 돌아가자.

어휘 片付ける 정리하다, 치우다, 처리하다 | 仕事 일 | 料理 요리 | すぐに 곧, 즉시 | 壊れる 깨지다, 부서지다, 고장 나다 | おいしい 맛있다 | みんな 모두, 다 | ゴミ置き場 쓰레기 하치장 | 暑い 덥다 | おふろ 목욕, 목욕탕 | 体 몸

해설 「片付ける」는 '정리하다, 치우다'라는 의미와 '어떤 일을 처리하고 끝내다'라는 의미로 쓰이는데, 이 문제의 경우 일을 끝내고 집에 돌아간다는 의미로 쓰여 1번이 정답이 된다. 그 외 2번은「食べましょう(먹읍시다)」, 3번은「ゴミ置き場に捨てましょう(쓰레기 하지상에 버립시나)」, 4번은「体をきれいにしたい, 洗いたい(깨끗이 하고 싶다, 씻고 싶다)」가 적합하다.

이 문제를 풀 때 주의해야 할 선택지는 3번으로 고장나서 사용할 수 없는 물건은 쓰레기 하치장에 정리정돈해 치우는(정리하는) 것이 아니라 버리는 것이므로 3번은 오답이다.

33 実験する

1　気に入ったくつがあったので、足が入るかどうか実験した。

2　この薬とあの薬を混ぜたらどうなるのか、実験してみよう。

3　面接のほかに、どのぐらい日本語がわかるのか実験します。

4　変な物が入っていないか実験してから送ってください。

정답 2　이 약과 저 약을 섞으면 어떻게 될지 실험해 보자.

어휘 実験する 실험하다 | 気に入る 마음에 들다 | 靴 구두, 신발 | 足 다리, 발 | 入る 들어가다, 들어오다 | 薬 약 | 混ぜる 섞다 | 面接 면접 | どのぐらい 어느 정도 | 変な 이상한 | 送る 보내다 | ～かどうか ~지 어떨지

해설 「実験する」는 사실 여부를 실제로 검사해 보거나 어떤 논리나 가설에서 생각되는 사항이 올바른지 어떤지를 '실제로 시험해 보다'라는 의미로 쓰이며 올바르게 사용된 예문은 2번이다. 1번은 「試着した(시착했다)」, 3번은 「試してみよう(시험해 보자)」, 4번은 「確認してから(확인하고서)」가 적합하다.

34 おみやげ

1　友達の家に遊びに行く途中で、おみやげにケーキを買った。

2　子供の誕生日のおみやげは、どんな物がいいのだろう。

3　友人の結婚式にお皿をおみやげに贈った。

4　先生が入院したので、くだものをおみやげに持っていった。

정답 1　친구 집에 놀러 가는 도중에 선물로 케이크를 샀다.

어휘 お土産 (여행지 등에서 사 오는) 선물, 남의 집을 방문할 때의 선물 | 途中 도중 | 誕生日 생일 | 友人 친구, 벗 | 結婚式 결혼식 | お皿 접시 | 贈る (감사의 뜻으로) 보내다,선사하다 | 入院 입원 | 果物 과일

해설 「お土産」는 여행지 등에서 사 오는 선물의 의미와 남의 집을 방문할 때의 선물을 말한다. 이 문제의 경우, 남의 집을 방문할 때의 선물의 의미이므로 1번이 정답이다. 그 외 2번은 「誕生日プレゼント(생일선물)」, 3번은 「お祝い(결혼 축하선물)」, 4번은 「お見舞い(병문안)」가 적합하다.

35 ぴったり

1　林さんはまじめでぴったりしているので、信じられる人だ。

2　夏休みはどこかに旅行して、ぴったり過ごしたい。

3　今の気持ちにぴったりした言葉が見つかりません。

4　あの親子は本当にぴったりな顔をしている。

정답 3　지금의 심정에 딱 맞는 말이 생각나지 않습니다.

어휘 ぴったり (어긋나거나 틈이 없이 잘 맞는 모양) 꼭, 딱 | 真面目だ 진지하다, 성실하다 | 信じる 믿다 | 夏休み 여름휴가 | 旅行 여행 | 過ごす 보내다, 지내다 | 気持ち 기분, 심정, 마음 | 言葉 말, 언어 | 見つかる 찾게 되다, 발견되다 | 親子 부모와 자식 | 本当に 정말로 | 顔 얼굴

해설 「ぴったり」는 어긋나거나 틈이 없는 모양이나 착 달라 붙는 모양, 썩 잘 어울리는 모양 등에서 쓰인다. 이 문제는, 지금의 심정에 '딱 맞는 말이 생각나지 않는다'는 의미로서 3번이 정답이 된다. 그 외, 「しっかり(견실한 모양, 빈틈없이)」, 「ゆったり(편안히 쉬는 모양, 느긋이)」, 「そっくり(꼭 닮은 모양)」가 적합하다.

N3

실전모의테스트
1회

문자 · 어휘

問題1 _____のことばの読み方として最もよいものを、1・2・3・4から一つ
えらびなさい。

1 ボランティア<u>活動</u>で町_{まち}のそうじをした。

1　がつどう　　　2　かつどう　　　3　がつとう　　　4　かつとう

2 <u>米</u>で作ったパンが人気を呼んでいる。

1　めし　　　　2　まめ　　　　　3　むぎ　　　　4　こめ

3 雪道^{ゆきみち}で<u>転んで</u>けがをした。

1　あそんで　　　2　ころんで　　　3　はこんで　　　4　ならんで

4 新入社員の<u>募集</u>が始まった。

1　ぼしゅう　　　2　ぼうしゅう　　3　ほしゅう　　　4　ほうしゅう

5 あの温泉は、とても<u>景色</u>のいい所^{ところ}にあります。

1　けしき　　　　2　けいしき　　　3　けいろ　　　　4　けいいろ

6 言うのは簡単だが、<u>実行</u>するのは難しい。

1　じつこう　　　2　じつこ　　　　3　じっこ　　　　4　じっこう

7 もっと<u>詳しい</u>話を聞かせてください。

1　たのしい　　　2　くわしい　　　3　めずらしい　　4　なつかしい

8 途中^{とちゅう}で道に<u>迷って</u>しまい、約束の時間に遅れてしまった。

1　まわって　　　2　とまって　　　3　まよって　　　4　かかって

問題2 _____のことばを漢字で書くとき、最もよいものを1・2・3・4から一つ
えらびなさい。

9 暑くて何度もハンカチであせをふいた。

1　流　　　　　　2　涙　　　　　　3　汗　　　　　　4　泣

10 初めてもらったきゅうりょうで、両親にプレゼントを買った。

1　給与　　　　　2　給量　　　　　3　給費　　　　　4　給料

11 風邪でアルバイトに行けなくなったので、友達にかわりに行ってもらった。

1　交わりに　　　2　換わりに　　　3　代わりに　　　4　変わりに

12 東京は日本の政治とけいざいの中心地です。

1　経済　　　　　2　径済　　　　　3　経剤　　　　　4　径剤

13 結婚式は、家族としたしい友達だけ呼んですることにした。

1　新しい　　　　2　近しい　　　　3　仲しい　　　　4　親しい

14 あなたが会社をやめるなんて、とてもざんねんです。

1　残念　　　　　2　残然　　　　　3　残連　　　　　4　残燃

問題3 （　　　）に入れるのに最もよいものを、1・2・3・4から一つえらびなさい。

15 おとなしかった子供のころの（　　　　）しかなかったので、彼女が歌手になったと
聞いて驚(おどろ)いた。

1　イメージ　　　2　タイプ　　　　　3　スタイル　　　4　レベル

16 その新薬の開発には、世界中(せ かいじゅう)が（　　　）している。

1　興味　　　　2　関心　　　　　3　注目　　　　4　希望

17 あの子は勉強が好きで、体育以外(たいいく い がい)に（　　　）科目(か もく)はないそうだ。

1　得意な　　　2　上手な　　　　3　苦手な　　　4　下手な

18 パソコンがインターネットに（　　　）、困(こま)ってしまった。

1　つたわらなくて　　　　　　　2　つうじなくて
3　つながらなくて　　　　　　　4　とどかなくて

19 メールや電話ではなく、（　　　）会って話したほうがいいですよ。

1　ちょくせつ　　2　きゅうに　　　3　まっすぐ　　　4　たいてい

20 彼女はダイエットに（　　　）があるという体操(たいそう)を始めた。

1　安心　　　　2　効果　　　　　3　期待　　　　4　結果

21 買った時の（　　　）がなければ、ほかの商品には交換できないと言われた。

1　申込書　　　2　領収書　　　　3　請求書　　　4　証明書

22 この小説は、今年100万（　　　）も売れたそうです。

　　1　部　　　　　　2　回　　　　　　3　本　　　　　4　枚

23 この建物が（　　　）するまでには、まだ1年はかかりそうだ。

　　1　完全　　　　　2　完成　　　　　3　完了　　　　4　終了

24 何度やっても、うまくできないので（　　　）してしまった。

　　1　そわそわ　　2　にこにこ　　　3　どきどき　　4　いらいら

25 ホテルがなくて、知り合いの家に（　　　）もらうことにした。

　　1　やすんで　　2　ためて　　　　3　ねむって　　4　とめて

問題4 _____に意味が最も近いものを、1・2・3・4から一つえらびなさい。

26 そのスカートは、私には少し<u>きつい</u>と思います。

    1　小さい　　　　2　短い　　　　　　3　大きい　　　　4　長い

27 商品の値上げを<u>けってい</u>した。

    1　はじめた　　　2　きめた　　　　　3　やめた　　　　4　話し合った

28 日本でも最近は魚の<u>ニーズ</u>が減って、肉が伸^のびている。

    1　種類　　　　　2　生産　　　　　　3　消費　　　　　4　広告

29 その作家^{さっか}の小説は、最近の学生も<u>けっこう</u>読んでいる。

    1　思ったより　　2　思ったとおり　　3　昔から　　　　4　昔よりもっと

30 面接^{めんせつ}では<u>緊張してしまって</u>、自分のいいところが出せなかった。

    1　困ってしまって　　　　　　　　　2　びっくりしてしまって

    3　疲れてしまって　　　　　　　　　4　あがってしまって

問題5 つぎのことばの使い方として最もよいものを、1・2・3・4から一つえらびなさい。

31 都合(つごう)

1 とてもいい都合(つごう)で、彼女はその会社に就職(しゅうしょく)することができた。

2 今日は体の都合(つごう)が悪いので、早く帰らせていただけないでしょうか。

3 最近コピー機の都合(つごう)が悪くて、コピーに時間がかかってしまう。

4 明日なら都合(つごう)がいいので、映画に行くのは明日にしませんか。

32 応援(おうえん)

1 友達が財布を忘れたので、お金を応援(おうえん)した。

2 応援(おうえん)していたチームが優勝して喜んでいます。

3 宿題でわからない問題があったので、木村(きむら)さんに応援(おうえん)してもらった。

4 山田さんの意見には誰も応援(おうえん)する人がいなかった。

33 包(つつ)む

1 古くなった新聞紙をひもで包(つつ)んだ。

2 きれいな紙でプレゼントを包(つつ)んでもらった。

3 日本は島国なので、海に包(つつ)まれている。

4 血が止まらないので、指をテープで包(つつ)んだ。

34 まし

1 この問題は、ましに考えればすぐに答えられそうだ。

2 この仕事をお願いできるましな人がいれば紹介してください。

3 熱があったが、薬をのんで少しましになった。

4 車を運転する時はお酒を飲まないほうがましだ。

35 見落とす

1 エレベータが満員だったので、見落として次のが来るのを待った。

2 東京タワーに登れば、東京の町が遠くまでよく見落とすことができます。

3 この名簿にある名前を見落とさないで、全員に連絡してください。

4 来年の景気がどうなるかを正確に見落とすことは難しい。

JLPT N3

실전모의테스트 2회

문자 · 어휘

問題1 _____のことばの読み方として最もよいものを、1・2・3・4から一つ
えらびなさい。

1 彼はすばらしい作品を制作した。

  1　そうさく　　　2　せいさく　　　　3　そうさ　　　　4　せいさ

2 子どもたちは楽しそうに海岸で遊んだ。

  1　うみべ　　　　2　うみがん　　　　3　かいべ　　　　4　かいがん

3 山田さんの特技は何ですか。

  1　とっぎ　　　　2　とくぎ　　　　　3　とっき　　　　4　とくき

4 もう少し歩くと、大きな池があります。

  1　みずうみ　　　2　かわ　　　　　　3　たき　　　　　4　いけ

5 早くしないと、バスが出発してしまいますよ。

  1　しゅうはつ　　2　しゅっはつ　　　3　しゅうぱつ　　4　しゅっぱつ

6 課長は、彼女の言い分を認めた。

  1　みとめた　　　2　たしかめた　　　3　あたためた　　4　あらためた

7 屋外で活動する際は、帽子をかぶってください。

  1　やがい　　　　2　やそと　　　　　3　おくがい　　　4　おくそと

8 ふりかえった母は、険しい顔をしていた。

  1　きびしい　　　2　くるしい　　　　3　はげしい　　　4　けわしい

問題2 _____のことばを漢字で書くとき、最もよいものを1・2・3・4から一つえらびなさい。

9 この会社に入ることができれば、将来はあんていしているだろう。

1 案体　　　　2 安体　　　　3 案定　　　　4 安定

10 彼は、非常にみぶんの高い者だったそうだ。

1 御文　　　　2 身文　　　　3 御分　　　　4 身分

11 この会社は数十年のじっせきがある。

1 実績　　　　2 実積　　　　3 実責　　　　4 実債

12 この建物は年内にはこわされる予定だ。

1 壊される　　2 崩される　　3 破される　　4 滅される

13 寒いので、だんぼうをつけましょうか。

1 温房　　　　2 暖房　　　　3 温防　　　　4 暖防

14 これだけは、ぜったいに忘れないでください。

1 桧対　　　　2 桧体　　　　3 絶対　　　　4 絶体

問題3 （　　　）に入れるのに最もよいものを、1・2・3・4から一つえらびなさいなさい。

15 頂上で日の出を見ることが、私たちの（　　　）だ。

1　目的　　　　　2　見込　　　　　3　思い　　　　4　本心

16 部長に、お客様がお待ちだと（　　　）いただけますか。

1　呼んで　　　　2　答えて　　　　3　通して　　　　4　伝えて

17 運動の後、汗で（　　　）になった洋服を脱いだ。

1　しわしわ　　2　べとべと　　　3　ぺらぺら　　4　くしゃくしゃ

18 あまり（　　　）人からプレゼントをもらってびっくりした。

1　連ならない　2　通わない　　　3　親しくない　4　厳しくない

19 時間がないので、駅まで（　　　）ください。

1　急いで　　　2　回って　　　　3　戻って　　　4　進んで

20 ホームページに（　　　）を残してくだされば、必ずお返事します。

1　トーク　　　2　コメント　　　3　チャット　　4　サイン

21 資料を（　　　）に入れ、取引先（とりひきさき）に送った。

1　封筒（ふうとう）　2　葉書（はがき）　　3　書留（かきとめ）　　4　速達（そくたつ）

22 ホテルに宿泊のお客様でしたら、どなたでもご（　　　　）になれます。

1　運用　　　　　2　活用　　　　　3　利用　　　　　4　適用

23 この音楽は、主人公の心の動きを（　　　　）している。

1　放送　　　　　2　演奏　　　　　3　説明　　　　　4　表現

24 思っていたより、（　　　　）予算をオーバーしてしまった。

1　たっぷり　　　2　なかなか　　　3　十分に　　　　4　かなり

25 使わなくなった椅子_{いす}を（　　　　）にしまった。

1　床_{とこ}の間_ま　　　　2　戸棚_{とだな}　　　　3　引_ひき出_だし　　　4　物_{もの}置_おき

問題4 _____に意味が最も近いものを、1・2・3・4から一つえらびなさい。

26 彼女は、約束の1時間後になってようやくやって来た。

1 あわてて 　　　2 平気で 　　　　3 やっと 　　　4 のんびり

27 きんむ中は、携帯電話の使用は禁止されている。

1 授業 　　　　2 仕事 　　　　　3 運転 　　　　4 移動

28 子どもなら、このジャンルの本が適当でしょう。

1 大きさ 　　　2 色合い 　　　　3 種類 　　　　4 価格

29 この事件の犯人はあきらかだ。

1 かしこい 　　　　　　　　　2 なぞだ

3 はっきりしている 　　　　　4 逃げている

30 どうやら症状がおちついたようですね。

1 良くなった 　　2 再発した 　　　3 悪化した 　　4 現れた

問題5 つぎのことばの使い方として最もよいものを、1・2・3・4から一つえらびなさい。

31 加える（くわ）

1 高速道路に入ったので車のスピードを加えた。

2 その箱にゼリーとケーキも一緒に加えてください。

3 彼女はパーティのメンバーに加えてもらって喜んだ。

4 今月から子どもの小遣いを少し加えてあげようと思う。

32 住宅（じゅうたく）

1 引っ越しを機に住宅を買うことにした。

2 このあたりの住宅地は静かでいいが、交通が不便だ。

3 マンションやアパートではなく住宅に住むのが夢だ。

4 老後は都会よりも田舎で住宅したいものだ。

33 我慢強い（がまんづよい）

1 この機械は丈夫に作られていて、とても我慢強いです。

2 そんなに我慢強い主張ばかりだと、人とうまくやっていけないよ。

3 初めて食べてみるその料理は、驚くくらい我慢強い味がした。

4 彼は我慢強い人で、弱気な姿を他人に見せたことがない。

34 信用（しんよう）

1　お願いですから、もっと私のことを<u>信用</u>してください。

2　ここは店内の雰囲気もサービスも良くて、<u>信用</u>しやすい店だ。

3　今は苦しくても、明るい未来が待っていると<u>信用</u>している。

4　機械の<u>信用</u>に何か問題があれば、いつでも呼んでください。

35　ふらふら

1　今日はコートを着ても<u>ふらふら</u>震えるくらい寒い。

2　週末は、友達とデパートを<u>ふらふら</u>して過ごした。

3　この布団は、暖かくて<u>ふらふら</u>で気持ちがいい。

4　いつまでも<u>ふらふら</u>していないで、早く就職しないと。

실전모의테스트 1회

문자 · 어휘

문제 1 _____의 단어 읽는 법으로 가장 적당한 것을 1 · 2 · 3 · 4에서 하나 고르세요.

1 ボランティア<u>活動</u>で<ruby>町<rt>まち</rt></ruby>のそうじをした。

   1 がつどう   2 かつどう   3 がつとう   4 かつとう

정답 2 봉사 활동으로 마을 청소를 했다.

어휘 ボランティア 봉사 | 町 마을

해설 「活 살(활)」은 음독으로 「かつ」라고 읽으며, 관련 단어로는 「活動(활동)」, 「活気(활기)」가 있다.
「動 움직일(동)」은 음독으로 「どう」이며, 관련 단어로 「行動(행동)」도 함께 알아두자.

2 <u>米</u>で作ったパンが人気を呼んでいる。

   1 めし   2 まめ   3 むぎ   4 こめ

정답 4 쌀로 만든 빵이 인기를 끌고 있다.

어휘 米 쌀 | 豆 콩 | 麦 보리

해설 한자 1자로 되어 있는 어휘들은 자주 등장하기 때문에, 유념하여 알아둘 필요가 있다. 최근 출제된 어휘 중에서는
「緑(녹색), 湖(호수), 横(옆), 孫(손자), 波(파도), 癖(버릇)」 등이 있다.

3 <ruby>雪道<rt>ゆきみち</rt></ruby>で<u>転</u>んでけがをした。

   1 あそんで   2 ころんで   3 はこんで   4 ならんで

정답 2 눈길에서 굴러서 다쳤다.

어휘 雪道 눈길 | 転ぶ 구르다 | 遊ぶ 놀다 | 運ぶ 운반하다 | 並ぶ 늘어서다

해설 「転 구를(전)」은 음독으로 「てん」, 훈독 동사로는 「転ぶ(구르다, 넘어지다), 転がす(굴리다)」가 있다. 이외에 「自転
車(자전거), 転勤(전근)」 등도 함께 알아두자.

4 新入社員の<u>募集</u>が始まった。

   1 ぼしゅう   2 ぼうしゅう   3 ほしゅう   4 ほうしゅう

정답 1 신입사원 모집이 시작되었다.

어휘 新入社員 신입사원 | 募集 모집 | 始まる 시작되다

해설 「募 모을(모)」는 음독으로 「ぼ」이며, 훈독 동사로는 「募る(모집하다)」가 있다. 자주 출제되는 「募金(모금)」도 함께 알
아두자. 「集 모일(집)」의 음독은 「しゅう」이며, 훈독 동사로는 「集まる(모이다)」가 있다.

5 あの温泉は、とても<u>景色</u>のいい<ruby>所<rt>ところ</rt></ruby>にあります。

   1 けしき   2 けいしき   3 けいろ   4 けいいろ

정답 1 저 온천은 매우 경치 좋은 곳에 있습니다.

어휘 温泉 온천 | 景色 경치 | 所 곳, 장소

해설 「景 볕(경)」은 음독으로 「け・けい」이며, 「景色」를 「けいしき(X)」처럼 읽지 않도록 주의해야 한다. 관련 어휘로는 「景気(경기)」가 있다. 「色 빛(색)」은 음독으로 「しょく・しき」, 훈독은 「色(색, 빛깔)」로 읽힌다.

---

6 言うのは簡単だが、実行するのは難しい。

　　1　じつこう　　　　　2　じつこ　　　　　3　じっこ　　　　　4　じっこう

정답 4 말하는 것은 간단하지만, 실행하는 것은 어렵다.

어휘 簡単 간단 | 実行 실행 | 難しい 어렵다

해설 「実 열매(실)」의 음독은 「じつ」, 훈독 동사는 「実る(열매를 맺다)」이다. 관련 어휘로는 「実感(실감), 実行(실행)」 등이 있다. 「行 행할, 갈(행)」의 음독은 「こう・ぎょう」이며, 훈독 동사로는 「行く(가다), 行う(행하다)」 등이 있다. 관련 어휘로 「行動(행동), 行事(행사)」등도 함께 알아두자.

---

7 もっと詳しい話を聞かせてください。

　　1　たのしい　　　　　2　くわしい　　　　　3　めずらしい　　　　　4　なつかしい

정답 2 좀 더 자세한 이야기를 들려 주세요.

어휘 詳しい 자세하다 | 聞かせる 들려주다 「聞く」의 사역형 | 楽しい 즐겁다 | 珍しい 드물다 | 懐かしい 그립다

해설 「詳 자세할(상)」의 음독은 「しょう」이며, 훈독 형용사는 「詳しい(상세하다)」이다. 비슷한 의미인 「細かい(잘다, 상세하다)」도 함께 알아두자.

---

8 途中で道に迷ってしまい、約束の時間に遅れてしまった。

　　1　まわって　　　　　2　とまって　　　　　3　まよって　　　　　4　かかって

정답 3 도중에 길을 잃어버려서, 약속 시간에 늦어버렸다.

어휘 途中 도중 | 迷う 길을 잃다, 헤매다 | 遅れる 늦다 | 回る 돌다 | 泊まる 숙박하다 | 止まる 멈추다

해설 「迷 미혹할(미)」의 음독은 「めい」이며, 훈독 동사로 「迷う(헤매다)」가 있다. 관련 어휘로 「迷惑(성가심, 귀찮음)」도 함께 알아두자.

문제 2 ＿＿＿＿의 단어를 한자로 쓸 때, 가장 적당한 것을 1・2・3・4에서 하나 고르세요.

9 暑くて何度もハンカチであせをふいた。

　　1　流　　　　　2　涙　　　　　3　汗　　　　　4　泣

정답 3 더워서 몇 번이나 손수건으로 땀을 닦았다.

어휘 ハンカチ 손수건 | 涙 눈물 | 汗 땀 | ふく 닦다, 훔치다

해설 1자로 된 한자의 훈독을 찾는 문제는 다소 헷갈릴 수 있다. 「汗をふく」는 '땀을 닦다'라는 의미로, 3번 「汗 땀(한)」이 정답이며, 같은 부수의 닮은꼴 한자 「池(연못), 泡(거품), 港(항구), 波(파도), 涙(눈물)」 등도 함께 알아두자.

10 初めてもらった<u>きゅうりょう</u>で、両親にプレゼントを買った。

1 給与   2 給量   3 給費   4 給料

정답 4 처음 받은 급여로 부모님에게 선물을 샀다.

어휘 初めて 처음 | 給料 급료, 급여 | 両親 양친, 부모 | 買う 사다 | 供与 공여, 제공 | 給費 급비, 학비 지급

해설 「給 넉넉할(급)」의 「きゅう」와 「料 헤아릴(료)」의 「りょう」가 합쳐져, '급료, 급여'의 의미를 나타낸다. 선택지 1번 「給 与」도 한자 그대로 읽으면 '급여'이지만, 음독은 「きゅうよ」이므로, 1번을 선택하지 않도록 주의해야 한다.

---

11 風邪でアルバイトに行けなくなったので、友達に<u>かわりに</u>行ってもらった。

1 交わりに   2 換わりに   3 代わりに   4 変わりに

정답 3 감기로 아르바이트를 갈 수 없었기 때문에, 친구가 대신해서 가 주었다.

어휘 風邪 감기 | 代わりに 대신

해설 '대신해서'라는 의미를 가지고 있는 「代わりに」가 정답이다. 훈독이 비슷한 「換わる(바뀌다, 교체되다)」, 「変わる (바뀌다, 변하다)」와 혼동하지 않도록 주의하자. 선택지 1번의 경우에는 '교환하다'의 의미로 「交わる(X), 交わす (O)」가 된다.

---

12 東京は日本の政治と<u>けいざい</u>の中心地です。

1 経済   2 径済   3 経剤   4 径剤

정답 1 도쿄는 일본의 정치와 경제의 중심지입니다.

어휘 政治 정치 | 中心地 중심지

해설 「経 날(경)」의 음독 「けい」와 「済 건널(제)」의 음독 「ざい」, 즉 '경제'의 한자를 찾는 문제이다.
한자 표기 문제에서는 닮은꼴 한자에 주의해야 한다. 「経」의 경우 「径 지름길(경)」, 「済」의 경우 「剤 약지을(제)」와 혼동해서는 안 된다.

---

13 結婚式は、家族と<u>したしい</u>友達だけ呼んですることにした。

1 新しい   2 近しい   3 仲しい   4 親しい

정답 4 결혼식은 가족과 친한 친구만 부르기로 했다.

어휘 結婚式 결혼식 | 家族 가족 | 親しい 친하다 | 呼ぶ 부르다 | 新しい 새롭다 | 近い 가깝다 | 仲よい 사이가 좋다

해설 「親 친할(친)」의 음독은 「しん」이며, 훈독 형용사는 「親しい(친하다)」이다. 「親」과 닮은꼴 한자는 「新 새로울(신), 新 しい(새롭다)」이며, 표기상 주의해야 할 보기는 「近しい(X), 近い(O)」, 「仲しい(X), 仲よい(O)」 등이다.

---

14 あなたが会社をやめるなんて、とても<u>ざんねん</u>です。

1 残念   2 残然   3 残連   4 残燃

정답 1 당신이 회사를 그만둔다니, 매우 유감입니다.

어휘 やめる 관두다 | 残念 유감스러움

해설 해석으로 보아, 회사를 그만둔다는 것을 아쉬워하는 상황이므로 '유감'을 나타내는 한자를 찾아내면 된다.
「ねん」으로 발음되는 한자 「念 생각할(념), 然 그럴(연), 連 잇닿을(련), 燃 사를(연)」 중 '유감'에 사용되는 한자는 「念」, 즉 「残念」 1번이 정답이다.

문제 3 ( ) 안에 들어갈 가장 적당한 것을 1 · 2 · 3 · 4에서 하나 고르세요.

15 おとなしかった子供のころの（　　　）しかなかったので、彼女が歌手になったと聞いて驚いている。

1 イメージ　　　　2 タイプ　　　　3 スタイル　　　　4 レベル

정답 1 얌전했던 어린 시절의 이미지밖에 없었기 때문에, 그녀가 가수가 되었다고 듣고 놀랐다.

어휘 大人しい 얌전하다 | 歌手 가수 | 驚く 놀라다 | イメージ 이미지 | タイプ 타입 | スタイル 스타일 | レベル 레벨

해설 과거에 얌전했던 그녀가 가수가 돼서 놀랐다고 했으므로, 가장 자연스러운 것은 1번 「イメージ(이미지)」이다.

---

16 その新薬の開発には、世界中が（　　　）している。

1 興味　　　2 関心　　　3 注目　　　4 希望

정답 3 그 신약의 개발에는 전세계가 주목하고 있다.

어휘 新薬 신약 | 開発 개발 | 世界中 전세계 | 注目 주목 | 興味 흥미 | 関心 관심 | 希望 희망

해설 선택지 중 「興味, 関心」은 「する」를 붙일 수 없는 단어다. 또한, 빈칸에 「注目(주목)」와 「希望(희망)」를 대입해 보면, 정답은 「注目」가 된다. 「希望」의 경우에는 「新薬の開発を希望している」와 같이 앞에 조사 「〜を」가 있는 문장이 되는 것이 자연스럽다.

---

17 あの子は勉強が好きで、体育以外に（　　　）科目はないそうだ。

1 得意な　　　2 上手な　　　3 苦手な　　　4 下手な

정답 3 저 아이는 공부를 좋아해서, 체육 이외에 못하는 과목은 없다고 한다.

어휘 苦手だ 서투르다, 잘하지 못하다 | 得意だ 잘하다, 자신이 있다 | 上手だ 잘하다, 솜씨가 훌륭하다 | 下手だ 서투르다

해설 「下手だ」는 솜씨나 기술의 레벨이 낮음을 나타내고, 「苦手だ」는 자신감이 없어 할 수 없거나, 그다지 좋아하지 않는다는 것을 나타내므로 정답은 3번이다.

---

18 パソコンがインターネットに（　　　）、困ってしまった。

1 つたわらなくて　　　2 つうじなくて　　　3 つながらなくて　　　4 とどかなくて

정답 3 컴퓨터가 인터넷에 연결되지 않아서 난처해져 버렸다.

어휘 つながる 이어지다, 연결되다 | 伝わる 전해지다 | 通じる 통하다 | 届く 닿다, 이르다

해설 '인터넷에 연결되다'가 문맥상 어울리기 때문에, 정답은 3번 「つながらなくて(연결되지 않아서)」가 된다. 다른 선택지 「伝わる(말, 소문 등이 전해지다)」, 「通じる(통하다)」, 「届く(닿다, 이르다)」는 부자연스럽다.

---

19 メールや電話ではなく、（　　　）会って話したほうがいいですよ。

1 ちょくせつ　　　2 きゅうに　　　3 まっすぐ　　　4 たいてい

정답 1 메일이나 전화가 아니라, 직접 만나서 이야기하는 편이 좋습니다.

어휘 直接 직접 | 急に 갑자기 | まっすぐ 곧장, 똑바로 | たいてい 대개, 대체

해설 '메일이나 전화가 아니라 (직접)만나서 얘기하라'는 내용으로 괄호 안에 들어갈 적당한 단어는 「直接(직접)」이다. 다른 선택지, '갑자기, 곧장, 대개'를 대입해 보면 부자연스럽다.

20 彼女はダイエットに（　　　）があるという体操を始めた。

1　安心　　　　　2　効果　　　　　3　期待　　　　　4　結果

정답 2 그녀는 다이어트에 효과가 있다는 체조를 시작했다.

어휘 効果 효과 | 安心 안심 | 期待 기대 | 結果 결과

해설 '다이어트에 ~이/가 있다'라고 해석되는 것은 「効果(효과)」이므로, 정답은 2번이다.

---

21 買った時の（　　　）がなければ、ほかの商品には交換できないと言われた。

1　申込書　　　　2　領収書　　　　3　請求書　　　　4　証明書

정답 2 구입했을 때의 영수증이 없으면, 다른 상품으로는 교환할 수 없다고 들었다.

어휘 領収書 영수증 | 申込書 신청서 | 請求書 청구서 | 説明書 설명서

해설 교환의 조건으로 물건을 살 때 받는 것을 생각해보면, 4개의 선택지 중에 「領収書(영수증)」가 정답이 된다.

---

22 この小説は、今年100万（　　　）も売れたそうです。

1　部　　　　　　2　回　　　　　　3　本　　　　　　4　枚

정답 1 이 소설은 올해 100만 부나 팔렸다고 합니다.

어휘 ～部 ~부 | ～回 ~회 | ～本 ~개, 자루 | ～枚 ~장

해설 소설, 서적 등을 세는 단위이므로 「部(~부)」가 1번이 정답이다. 「～回(횟수를 셀 때)」, 「～本(가늘고 긴 물건 셀 때)」, 「枚(와이셔츠나 종이 등을 셀 때)」를 사용하면 된다.

---

23 この建物が（　　　）するまでには、まだ１年はかかりそうだ。

1　完全　　　　　2　完成　　　　　3　完了　　　　　4　終了

정답 2 이 건물이 완성되기까지는 아직 1년은 걸릴 것 같다.

어휘 建物 건물 | 完成 완성 | 完全 완전 | 完了 완료 | 修了 수료

해설 건물의 경우는 「完了(완료)」가 아니라 「完成(완성)」가 된다.

---

24 何度やっても、うまくできないので（　　　）してしまった。

1　そわそわ　　　2　にこにこ　　　3　どきどき　　　4　いらいら

정답 4 몇 번 해 봐도 잘 되지 않아서 안절부절해 버렸다.

어휘 いらいら (안절부절못하는 모양, 초조해하는 모양) 정신적으로 안정되지 않은 짜증나는 상태 |
そわそわ (안절부절못하는 모양, 침착하지 못하고 불안한 모양) 외견적으로 안정되지 않은 상태 |
にこにこ 생글생글, 싱글벙글 | どきどき 두근두근

해설 문제의 내용은 '몇 번 해 봐도 잘 되지 않아서 안절부절해 버렸다'의 내용이므로 정신적 상태를 나타내는 「いらいら」가 답이다.

---

25 ホテルがなくて、知り合いの家に（　　　）もらうことにした。

　　1　やすんで　　　　　2　ためて　　　　　3　ねむって　　　　　4　とめて

정답　4 호텔이 없어서, 아는 사람의 집에서 묵기로 했다.

어휘　泊める 재우다, 숙박시키다｜休む 쉬다｜溜める 한곳에 모아 두다｜眠る 자다, 잠들다

해설　'집에 묵다'라는 표현이므로 답은「泊める(재우다, 숙박시키다)」이다.

문제 4　_____의 의미가 가장 가까운 것을 1・2・3・4에서 하나 고르세요.

26 そのスカートは、私には少しきついと思います。

　　1　小さい　　　　　2　短い　　　　　3　大きい　　　　　4　長い

정답　1 그 스커트는 나에게는 조금 낀다고 생각합니다.

어휘　きつい 꼭 끼다, 빡빡하다｜小さい 작다｜短い 짧다｜大きい 크다｜長い 길다

해설　「きつい」의 의미는 '(빈틈이나 여유가 없어) 꼭 끼다, 빡빡하다'이므로 1번「小さい(작다)」가 정답이다.

---

27 商品の値上げをけっていした。

　　1　はじめた　　　　　2　きめた　　　　　3　やめた　　　　　4　話し合った

정답　2 상품의 가격 인상을 결정했다.

어휘　商品 상품｜値上げ 가격 인상｜決定する 결정하다｜決める 결정하다｜始める 시작하다｜辞める 그만두다｜話し合う 서로 이야기하다

해설　「決定する(결정하다)」와 가장 유사한 표현은「決める(결정하다)」이다.

---

28 日本でも最近は魚のニーズが減って、肉が伸びている。

　　1　種類　　　　　2　生産　　　　　3　消費　　　　　4　広告

정답　3 일본에서도 요즘은 생선 수요가 줄고, 고기가 늘고 있다.

어휘　最近 최근, 요즘｜ニーズ 필요, 요구, 수요｜減る 줄다｜肉 고기｜消費 소비｜種類 종류｜生産 생산｜広告 광고

해설　「ニーズ(수요)」의 의미에 가장 가까운 단어는「消費(소비)」이다.

---

29 その作家の小説は、最近の学生もけっこう読んでいる。

　　1　思ったより　　　　　2　思ったとおり　　　　　3　昔から　　　　　4　昔よりもっと

정답　1 그 작가의 소설은 최근 학생도 꽤 읽고 있다.

어휘　作家 작가｜小説 소설｜けっこう 꽤, 상당히｜思ったより 생각보다｜思ったとおり 생각대로

해설　「けっこう(꽤, 상당히)」와 바꿀 수 있는 단어는「思ったより(생각보다)」가 가장 적합하다.

---

30 面接では緊張してしまって、自分のいいところが出せなかった。。

　　1　困ってしまって　　　　2　びっくりしてしまって　　　3　疲れてしまって　　　　4　あがってしまって

정답　4 면접에서는 긴장해 버려서, 자신의 좋은 점을 나타낼 수 없었다.

어휘　面接 면접 | 緊張する 긴장하다 | 出す 나타내다 | びっくりする 놀라다 | 疲れる 지치다, 피곤하다 | あがる 오르다,
흥분하다, 상기하다

해설　긴장하라는 표현과 바꿀 수 있는 말은 「上がる(흥분하다, 상기하다)」이므로 4번이 정답이다.

문제 5 다음 단어의 사용법으로서 가장 적당한 것을 1·2·3·4에서 하나 고르세요.

31 都合

1　とてもいい都合で、彼女はその会社に就職することができた。
2　今日は体の都合が悪いので、早く帰らせていただけないでしょうか。
3　最近コピー機の都合が悪くて、コピーに時間がかかってしまう。
4　明日なら都合がいいので、映画に行くのは明日にしませんか。

정답　**4** 내일이라면 상황이 좋아서, 영화 보러 가는 것은 내일로 하지 않겠습니까?

어휘　都合 형편, 사정 | 就職 취직

해설　「都合」는 '형편, 사정'이라는 뜻이다. 따라서 바른 문장은 4번이다. 1번은 「条件(조건)」, 2, 3번은 「調子(신체나 기계
등의 상태, 컨디션)」가 적절하다.

---

32 応援

1　友達が財布を忘れたので、お金を応援した。
2　応援していたチームが優勝して喜んでいます。
3　宿題でわからない問題があったので、木村さんに応援してもらった。
4　山田さんの意見には誰も応援する人がいなかった。

정답　**2** 응원하고 있었던 팀이 우승해서 기뻐하고 있습니다.

어휘　応援 응원 | 財布 지갑 | 貸す 빌려주다 | 優勝 우승 | 意見 의견

해설　「応援(응원)」을 넣어서 해석이 자연스러운 것은 2번이고, 1번은 「貸してあげた」이고, 3번은 「教えて」, 4번은 「賛成,
反対」로 바꿀 수 있다.

---

33 包む

1　古くなった新聞紙をひもで包んだ。
2　きれいな紙でプレゼントを包んでもらった。
3　日本は島国なので、海に包まれている。
4　血が止まらないので、指をテープで包んだ。

정답　**2** 예쁜 종이로 선물을 싸서 주었다.

어휘　包む (포장 등으로) 싸다 | 新聞紙 신문지 | ひも 끈 | 血 피 | 島国 섬나라 | 止まる 멈추다 | 指 손가락

해설　1번은 「結ぶ(묶다)」, 3번은 「囲む(둘러싸다, 에워싸다)」, 4번은 「巻く(감다)」가 적절하다.

34 まし

1 この問題は、<u>まし</u>に考えればすぐに答えられそうだ。

2 この仕事をお願いできる<u>まし</u>な人がいれば紹介してください。

3 熱があったが、薬をのんで少し<u>まし</u>になった。

4 車を運転する時はお酒を飲まないほうが<u>まし</u>だ。

정답 3 열이 있었지만, 약을 마시고 조금 좋아졌다.

어휘 まし 좋음, 나음 | 考える 생각하다 | 答える 대답하다 | 紹介 소개 | 熱 열 | 運転 운전

해설 「まし(좋음, 나음)」를 넣어서 자연스럽게 해석이 가능한 것은 3번이고, 1번은 「もっと(더)」, 2번은 「適当(적당함)」, 4번은 「いい(좋다)」가 적절하다.

---

35 見落とす

1 エレベータが満員だったので、<u>見落として</u>次のが来るのを待った。

2 東京タワーに登れば、東京の町が遠くまでよく<u>見落とす</u>ことができます。

3 この名簿にある名前を<u>見落とさないで</u>、全員に連絡してください。

4 来年の景気がどうなるかを正確に<u>見落とす</u>ことは難しい。

정답 3 이 명부에 있는 이름을 빠뜨리지 말고, 전원에게 연락해 주세요.

어휘 見落とす 빠뜨리고 보다, 간과하다 | 満員 만원 | 登る 오르다 | 名簿 명부 | 全員 전원 | 連絡 연락 | 来年 내년 | 景気 경기 | 正確 정확함 | 難しい 어렵다 | 見送る 떠나가는 것을 바라보다, 배웅하다 | 見通す 전망하다, 예측하다

해설 '명부에 있는 이름을 빠뜨리다, 간과하다'라는 내용이므로, 정답은 3번이다. 1번은 「見送る」, 2번은 「見る」, 4번은 「見通す」가 적절하다.

실전모의테스트 2회

문자 · 어휘

_____의 단어 읽는 법으로 가장 적당한 것을 1 · 2 · 3 · 4에서 하나 고르세요.

---

1 彼はすばらしい作品を制作した。

1 そうさく　　2 せいさく　　3 そうさ　　4 せいさ

정답 2 그는 훌륭한 작품을 제작했다.

어휘 すばらしい 훌륭하다, 멋지다 | 作品 작품 | 制作 제작

해설 「制 절제할 (제)」는 음독으로 「せい」이며, 관련 단어로는 「制度(제도)」, 「制服(제복)」, 「制約(제약)」 등이 있다. 비슷한 한자로 「製 지을 (제)」가 있는데, 음독도 동일하다. 참고로 「制作(제작)」의 경우, 예술 작품 등을 제작하는 의미이며, 「製作(제작)」은 실용적인 물건, 기구 등을 만드는 것을 의미한다.

---

2 子どもたちは楽しそうに海岸で遊んだ。

1 うみべ　　2 うみがん　　3 かいべ　　4 かいがん

정답 4 아이들은 즐거운 듯이 해안에서 놀았다.

어휘 楽しい 즐겁다 | 海岸 해안 | 遊ぶ 놀다

해설 「海 바다(해)」의 훈독은 「うみ」이며 음독은 「かい」이다. 또 「岸 언덕(안)」의 훈독은 「きし」이며, 음독은 「がん」이다. 「海岸(해안)」은 음독 단어이므로 「かいがん」이라고 읽는다.

비슷한 뜻을 가진 훈독 단어로 「海辺(해변, 바닷가)」, 「岸辺(물가, 강가)」 등이 있다.

---

3 山田さんの特技は何ですか。

1 とっぎ　　2 とくぎ　　3 とっき　　4 とくき

정답 2 야마다씨의 특기는 무엇입니까?

어휘 特技 특기

해설 「特 특별할(특)」의 음독은 「とく」이며, 훈독은 없다. 「技 기술(기)」의 훈독은 「わざ」이며, 음독은 「ぎ」이다.

---

4 もう少し歩くと、大きな池があります。

1 みずうみ　　2 かわ　　3 たき　　4 いけ

정답 4 조금 더 걸어가면 큰 연못이 있습니다.

어휘 歩く 걷다 | 池 연못

해설 「池 연못(지)」의 훈독은 「いけ」이고 음독은 「ち」이다. 관련 단어로는 「乾電池(건전지)」, 「貯水池(저수지)」 등이 있다. 선택지 1번은 「湖 호수(호)」, 2번은 「川 강(천)」, 3번은 「滝 여울(랑):폭포」이다. 그 외에 물에 관련된 1자 한자어로 「波 물결(파):파도」도 자주 출제된다.

5 早くしないと、バスが<u>出発</u>してしまいますよ。

　　1　しゅうはつ　　　　2　しゅっはつ　　　　3　しゅうぱつ　　　　4　しゅっぱつ

[정답] **4** 서두르지 않으면 버스가 출발해 버릴 거예요.

[어휘] 出発（しゅっぱつ） 출발

[해설] 「出 날(출)」의 음독은 「しゅつ」이며, 훈독 동사로 「出る(나가다)」, 「出す(꺼내다)」가 있다. 「発 필(발)」의 음독은 「はつ」이며 훈독 동사로는 「発つ(떠나다, 출발하다)」가 있다. 出発은 음독 단어로서 「しゅつ」＋「はつ」이지만 「つ」・「ち」가 「は」행을 만나면 반탁음이 되는 것에 유의하자. 발음의 변화가 비슷한 단어로는 「発表(발표)」, 「一本(가늘고 긴 것, 한 자루, 한 개)」 등이 있다.

---

6 課長は、彼女の言い分を<u>認めた</u>。

　　1　みとめた　　　　2　たしかめた　　　　3　あたためた　　　　4　あらためた

[정답] **1** 과장은 그녀의 주장을 인정했다.

[어휘] 課長（かちょう） 과장 | 言い分（いいぶん） 주장 | 認める（みとめる） 인정하다

[해설] 「認 알(인)」의 음독은 「にん」이고 훈독 동사는 「認める(인정하다)」이다. 음독 명사로는 「認定(인정)」, 「認識(인식)」, 「確認(확인)」 등이 있다. 선택지 2는 「確かめる(확실히 하다, 확인하다)」, 3은 「温める, 暖める(따뜻하게 하다)」이다. 주로 음식, 손・발 등의 체온을 따뜻하게 하면 「温 따뜻할(온)」을, 기상・기온을 따뜻하게 할 경우에는 「暖 따뜻할(난)」으로 구별하여 쓰니 주의하도록 하자. 선택지 4번은 「改める(고치다, 새롭게 하다)」이다.

---

7 <u>屋外</u>で活動する際は、帽子をかぶってください。

　　1　やがい　　　　2　やそと　　　　3　おくがい　　　　4　おくそと

[정답] **3** 옥외에서 활동 할 때에는 모자를 써 주세요.

[어휘] 屋外（おくがい） 옥외 | 活動（かつどう） 활동 | ～際は（さい） ~때에는 | 帽子をかぶる（ぼうし） 모자를 쓰다

[해설] 「屋 집(옥)」의 음독은 「おく」, 훈독은 「や」이다. 「外 바깥(외)」의 음독은 「がい」이며, 훈독은 「そと」이다. 「屋外」는 음독 단어 이므로 「おくがい」가 정답이다. 「屋 집(옥)」의 훈독 「や」를 이용한 어휘들도 출제 빈도가 높은 편이다. 우선 '~（를 파는) 곳'이라는 의미로, 「本屋(책방, 서점)」, 「薬屋(약국)」, 「八百屋(야채 가게)」 등이 있고, '~경향이 강한 사람'이라는 뜻으로 「恥ずかしがり屋(수줍음을 잘 타는 사람)」, 「寒がり屋(추위를 잘 타는 사람)」 등이 있다.

---

8 ふりかえった母は、<u>険しい</u>顔をしていた。

　　1　きびしい　　　　2　くるしい　　　　3　はげしい　　　　4　けわしい

[정답] **4** 뒤를 돌아본 엄마는 험상궂은 표정을 짓고 있었다.

[어휘] ふりかえる 뒤돌아보다 | 険しい（けわ） 험하다, 험상궂다 | 顔をする（かお） 표정을 짓다

[해설] 「険 험할(험)」의 훈독 형용사는 「険しい(험하다, 험상궂다)」이며, 음독은 「けん」으로 「危険(위험)」 등의 난어로 넓이 쓰인다. 선택지 1번은 「厳しい(엄격하다, 혹독하다)」, 2번은 「苦しい(괴롭다, 고통스럽다)」이지만 같은 한자를 쓰는 형용사로 「苦い(맛이 쓰다, 기분이 언짢다)」도 있으니 함께 익혀두자. 선택지 3번은 「激しい(세차다, 격심하다)」이다.

9 この会社に入ることができれば、将来は<u>あんてい</u>しているだろう。

1 案体　　　　　2 安体　　　　　3 案定　　　　　4 安定

정답 4 이 회사에 들어갈 수 있다면 장래는 안정되겠지(자리가 잡히겠지).

어휘 将来 장래 | 安定する 안정되다, 자리가 잡히다

해설 문맥상 「あんてい」는 (안정)을 의미한다고 보면, 선택지 3, 4의 「案 책상(안)」과 「安 편안할(안)」 중 올바른 한자를 고르라는 문제의 의도를 엿볼 수 있다. 「案」은 「案外(의외로, 뜻밖에)」, 「案内(안내)」 등으로, 「安」은 「安心する(안심하다)」, 「安易だ(안이하다)」 등으로 쓰인다.

10 彼は、非常に<u>みぶん</u>の高い者だったそうだ。

1 御文　　　　　2 身文　　　　　3 御分　　　　　4 身分

정답 4 그는 매우 신분이 높은 사람이었다고 한다.

어휘 非常に 매우, 상당히 | 身分 신분 | ~そうだ ~라고 한다

해설 「身 몸(신)」의 훈독은 「み」, 음독은 「しん」이다. 「身」의 훈독 단어로는 「中身(내용물)」, 「身分証明書(신분증명서)」 등이 있다. 선택지 1, 3의 「御 거느릴(어)」는 「御苦労様です(수고하셨습니다)」, 「御存じだ(알고 계시다)」처럼 한자어 앞에 붙어서 존경의 뜻을 표현하거나, 「御説明致します(설명 드리겠습니다)」, 「御案内させていただきます(안내해 드리겠습니다)」 등처럼 자신의 동작을 나타내는 단어 앞에 접속해서 겸양의 뉘앙스를 나타낼 때 주로 쓰여진다. 그러나 주로 히라가나 「ご」로 쓰는 경우가 일반적이다.

11 この会社は数十年の<u>じっせき</u>がある。

1 実績　　　　　2 実積　　　　　3 実責　　　　　4 実債

정답 1 이 회사는 수십 년의 실적이 있다.

어휘 数十年 수십 년 | 実績 실적

해설 이 문제는 「責」를 기본으로 하는 비슷한 한자들을 정확하게 숙지하고 있는지를 묻고 있다. 선택지 1의 「績 길쌈할 · 업적(적)」은 「成績(성적)」, 「功績(공적)」, 「業績(업적)」 등의 단어에 사용된다. 2의 「積 쌓을(적)」은 「面積(면적)」, 「蓄積(축적)」 등이 있다. 3의 「責 꾸짖을(책)」은 「責める(꾸짖다)」, 「責任(책임)」으로, 4의 「債 빚(채)」는 「債権(채권)」, 「債務(채무)」 등으로 사용된다.

12 この建物は年内には<u>こわされる</u>予定だ。

1 壊される　　　2 崩される　　　3 破される　　　4 滅される

정답 1 이 건물은 연내에는 부서질 예정이다.

어휘 建物 건물 | 年内 건물 | 壊す 부수다, 고장 내다 | 予定 예정

해설 한자 표기 문제에서는 비슷한 의미의 한자들이 출현하기 때문에 자칫 헷갈리기 쉽다. 동사의 경우 특히 주의를 기울여야 하며, 어떻게 읽히는지 훈독을 잘 외워두어야 한다. 선택지 1은 「壊す(부수다, 고장내다)」로 정답이며, 선택지 2는 「崩す(무너뜨리다)」이다. 3과 4의 「破 깨뜨릴(파)」와 「滅 멸할(멸)」의 경우에는 혼동하기 쉬우나 각각 「破る(찢다)」, 「滅ぼす(멸망시키다, 망치다)」로 발음된다.

13 寒いので、<u>だんぼう</u>をつけましょうか。

1 温房   2 暖房   3 温防   4 暖防

정답 2 추우니까 난방을 틀까요?

어휘 寒い 춥다 | 暖房をつける 난방을 틀다

해설 일본의 실내 온도 조절 장치로 겨울에 사용하는 따뜻한 바람이 나오는 것을 「暖房(난방)」이라고 한다. 「暖 따뜻할 (난)」의 음독 발음이 「だん」인 것은 매우 중요하며, 그 외에 「地球温暖化(지구 온난화)」도 반드시 함께 외워두자. 또한 여름에 시원한 바람이 나오는 것은 「冷房」라고 하며 동의어로는 「クーラー, エアコン」이 있다.

---

14 これだけは、<u>ぜったいに</u>忘れないでください。

1 桍対   2 桍体   3 絶対   4 絶体

정답 3 이것만큼은, 절대로 잊지 말아 주세요.

어휘 絶対に 절대로 | 忘れる 잊다

해설 선택지 1, 2의 「桍 작은 말뚝(제)」는 일본어에서는 거의 사용되지 않는다.

문제 3 ( ) 안에 들어갈 가장 적당한 것을 1・2・3・4에서 하나 고르세요.

15 頂上で日の出を見ることが、私たちの（   ）だ。

1 目的   2 見込   3 思い   4 本心

정답 1 정상에서 일출을 보는 것이 우리들의 목적이다.

어휘 頂上 정상 | 日の出 일출 | 見込 전망 | 本心 본심

해설 「見込」는 '미래에 대한 전망, 예상, 장래 가능성' 등의 의미로, 「卒業の見込み(졸업 예정)」, 「明日は晴れの見込みです(내일은 맑을 전망입니다)」, 「なかなか見込みのある男だ(상당히 전망이 밝은 남자다)」처럼 쓰인다.

---

16 部長に、お客様がお待ちだと（   ）いただけますか。

1 呼んで   2 答えて   3 通して   4 伝えて

정답 4 부장님에게 손님께서 기다리신다고 전달해 주실 수 있으신지요?

어휘 部長 부장 | お客様 손님 | 伝える 전달하다 | 呼ぶ 부르다 | 答える 대답하다 | 通す 통과하다, 통하다

해설 윗사람에게 전달을 부탁할 때에는 「~伝えていただけますか」, 「~お伝えいただけますか」의 문형을 쓰면 정중한 표현이 된다.

---

17 運動の後、汗で（   ）になった洋服を脱いだ。

1 しわしわ   2 べとべと   3 ぺらぺら   4 くしゃくしゃ

정답 2 운동 후, 땀으로 축축해진 옷을 벗었다.

어휘 運動 운동 | 汗 땀 | 洋服 양복, 옷 | 脱ぐ 벗다 | しわしわ 쭈글쭈글 | ぺらぺら 술술, 줄줄 | くしゃくしゃ 쭈글쭈글, 뒤죽박죽

「べとべと」는 주로 축축하게 되어서 들러붙는 느낌을 나타낸다. 「しわしわ」는 주름이 많이 잡힌 상태, 「ぺらぺら」는 주로 언어나 외국어를 막힘없이 잘 말하는 모양, 「くしゃくしゃ」는 종이나 천 등을 말거나 문질러서 쭈글쭈글하거나 물건 등이 어지러이 뒤섞인 모양을 나타낸다.

---

18 あまり（　　　　）人からプレゼントをもらってびっくりした。

1　連ならない　　　　2　通わない　　　　3　親しくない　　　　4　厳しくない

정답 3 그다지 친하지 않은 사람으로부터 선물을 받아서 깜짝 놀랐다.

어휘 親しい 친하다 | びっくりする 깜짝 놀라다 | 連れる 데리고 가다 | 通う 다니다 | 厳しい 엄하다, 엄격하다

해설 사람과의 관계가 가깝다고 할 때는 「親しい」라고 말한다.

---

19 時間がないので、駅まで（　　　　）ください。

1　急いで　　　　2　回って　　　　3　戻って　　　　4　進んで

정답 1 시간이 없으니 역까지 서둘러 주세요.

어휘 急ぐ 서두르다 | 回る 돌다 | 戻る 돌아오(가)다 | 進む 나아가다

해설 「急 급할(급)」의 훈독 동사는 「急ぐ」로서 '서두르다'의 의미이다. 같은 한자를 이용한 부사어의 「急に(갑자기)」와 혼동하지 않도록 주의하자.

---

20 ホームページに（　　　　）を残してくだされば、必ずお返事します。

1　トーク　　　　2　コメント　　　　3　チャット　　　　4　サイン

정답 2 홈페이지에 의견을 남겨 주시면 꼭 답변 드리겠습니다.

어휘 残す 남기다 | 必ず 반드시, 꼭 | 返事 답, 답장, 답변 | チャット 잡담, 채팅

해설 「コメント」는 의견, 비평, 논평을 뜻하며, 「チャット」는 두 사람 이상이 실시간으로 의견을 교환하여 대화를 하는 것을 말한다.

---

21 資料を（　　　　）に入れ、取引先に送った。

1　封筒　　　　2　葉書　　　　3　書留　　　　4　速達

정답 1 서류를 봉투에 넣어서 거래처에 보냈다.

어휘 資料 자료 | 取引先 거래처 | 封筒 봉투 | 葉書 엽서 | 書留 등기우편 | 速達 속달

해설 편지, 우편 관련 단어로 「切手(우표), 郵便局(우체국), 郵便受け(대문 등에 있는 편지통)=ポスト」도 함께 기억해 두자.

---

22 ホテルに宿泊のお客様でしたら、どなたでもご（　　　　）になれます。

1　運用　　　　2　活用　　　　3　利用　　　　4　適用

정답 3 호텔에 숙박 중인 손님이시라면 누구라도 이용하실 수 있으십니다.

어휘 宿泊 숙박 | どなた 어느 분, 누구(誰의 정중형) | 運用 운용 | 活用 활용 | 利用 이용 | 適用 적용

해설 존경의 뜻을 나타내는 문장 구조인 「ご + 한자어 명사 + になる(~하시다)」가 가능의 의미를 가진 「ご + 한자어 명사 + になれる(~하실 수 있다)」로 활용된 문장이다.

---

23 この音楽は、主人公の心の動きを（　　　　）している。

1 放送　　　　　2 演奏　　　　　3 説明　　　　　4 表現

정답 4 이 음악은 주인공의 마음의 움직임을 표현하고 있다.

어휘 音楽 음악 | 主人公 주인공 | 心 마음 | 動き 움직임 | 放送 방송 | 演奏 연주

해설 문맥상 '나타내다, 표현한다'라는 의미의 선택지 4번「表現(표현)」이 가장 적합하다. 동사로는「表す(나타내다, 표현하다)」가 올 수 있다.

24 思っていたより、（　　　　）予算をオーバーしてしまった。

1 たっぷり　　　2 なかなか　　　3 十分に　　　4 かなり

정답 4 생각했던 것보다 꽤 예산을 초과해 버렸다.

어휘 予算 예산 | オーバーする 초과하다, 과장되다 | たっぷり 충분히, 듬뿍 | 十分に 충분히

해설 우리말 해석으로는 둘 다 '꽤, 상당히'로 해석할 수 있는 강조 부사인「なかなか」와「かなり」의 차이점을 묻는 조금 까다로운 문제이다. 「なかなか」는 흔히, 부정형「ない」가 붙어, '좀처럼 ~않다'는 의미로 쓰인다. 예를 들면「なかなかうまくいかない(좀처럼 잘 되지 않는다)」이다. 또한 강조 부사「なかなか」가 긍정문에 쓰여질 때에는 뒤에 정도나 수준을 나타내는 표현이 와야 자연스럽게 느껴진다. 예를 들어보면「なかなかおいしい(상당히 맛있다), なかなかできる(꽤 잘한다)」등이 있다.

25 使わなくなった椅子を（　　　　）にしまった。

1 床の間　　　2 戸棚　　　3 引き出し　　　4 物置き

정답 4 사용하지 않게 된 의자를 창고에 집어 넣었다.

어휘 使う 사용하다 | 椅子 의자 | しまう 치우다, 집어 넣다, 끝내다 | 床の間 일본식 방의 상좌에 바닥을 한층 높게 만든 곳(벽에는 족자를 걸고, 바닥에는 꽃이나 장식물을 꾸며 놓음) | 戸棚 찬장 | 引き出し 서랍 | 物置 창고, 헛간

해설 사용하지 않는 의자를 치워놓을 수 있는 공간으로 4번이 가장 적합하다.

문제 4 ＿＿＿의 단어와 의미가 가장 가까운 것을 1·2·3·4 에서 하나 고르세요.

26 彼女は、約束の1時間後になってようやくやって来た。

1 あわてて　　　2 平気で　　　3 やっと　　　4 のんびり

정답 3 그녀는 약속 시간보다 한 시간이 지나서야 겨우 나타났다.

어휘 あわてる 당황하다, 허둥대다 | 平気だ 태연하다, 아무렇지 않다 | のんびり 한가로이, 태평스럽게

해설 「ようやく(드디어, 간신히)」는 오랫동안 바라고 기다려왔던 일들이 마침내 실현되는 모습, 고생한 끝에 목표를 달성하는 모습 등을 나타낸다. 유의어로는「やっと(가까스로, 간신히)」,「かろうじて(겨우, 간신히)」가 있다.

27 <u>きんむ</u>中は、携帯電話の使用は禁止されている。

　　1　授業　　　　　　　2　仕事　　　　　　　3　運転　　　　　　　4　移動

> **정답** 2 근무 중에는 핸드폰 사용이 금지되어 있다.

> **어휘** 勤務 근무 | 携帯電話 핸드폰 | 禁止 금지

> **해설** 선택지의 「授業(수업)」, 「仕事(일)」, 「運転(운전)」, 「移動(이동)」 중 「勤務(근무)」와 같은 의미는 2번이다. 참고로 「勤 부지런할(근)」의 훈독 동사 「勤める(근무하다)」도 함께 기억하자.

28 子どもなら、この<u>ジャンル</u>の本が適当でしょう。

　　1　大きさ　　　　　　2　色合い　　　　　　3　種類　　　　　　　4　価格

> **정답** 3 아이들이라면 이 장르의 책이 적당하겠죠

> **어휘** 適当だ 적당하다 | 色合い 색조, 사물의 경향, 느낌 | 種類 종류 | 価格 가격

> **해설** 「ジャンル」는 문예, 예술작품의 양식이나 형식상의 분류를 의미하는 외래어로 「種類」와 가장 유사하다. 선택지 4번의 「価格(가격)」과 유사한 단어 「値段(네단)」도 함께 기억하자.

---

29 この事件の犯人は<u>あきらかだ</u>。

　　1　かしこい　　　　　2　なぞだ　　　　　　3　はっきりしている　　　4　逃げている

> **정답** 3 이 사건의 범인은 명백하다.

> **어휘** 事件 사건 | 犯人 범인 | 明らかだ 명백하다 | かしこい 똑똑하다, 현명하다 | なぞ 수수께끼 | はっきりする 확실하다 | 逃げる 도망치다

> **해설** 「明 밝을(명)」의 훈독 형용사는 「明るい(밝다)」와 「明らかだ(명백하다)」이다. 「明らかだ」의 유의어인 「明白だ(명백하다)」, 「確かだ(확실하다)」도 함께 기억하자.

---

30 どうやら症状が<u>おちついた</u>ようですね。

　　1　良くなった　　　　2　再発した　　　　　3　悪化した　　　　　4　現れた

> **정답** 1 아무래도 증상이 가라앉은 것 같네요.

> **어휘** どうやら 아무래도 | 症状 증상 | 再発 재발 | 悪化 악화 | 現れる 나타나다

> **해설** 「おちつく」는 '침착하다, 자리 잡다, 안정되다' 등 다양한 의미로 쓰인다. 이 문장에서는 증상이 '진정되다, 안정된 상태에 이르다'라는 의미로 선택지 1번 「良くなる(좋아지다)」와 가장 유사하다고 할 수 있다.

> **문제 5** 다음 단어의 사용법으로서 가장 적당한 것을 1·2·3·4에서 하나 고르세요.

31 加える

　　1　高速道路に入ったので車のスピードを<u>加えた</u>。

　　2　その箱にゼリーとケーキも一緒に<u>加えて</u>ください。

　　3　彼女はパーティーのメンバーに<u>加えて</u>もらって喜んだ。

　　4　今月から子どもの小遣いを少し<u>加えて</u>あげようと思う。

정답 3 그녀는 파티의 멤버로 참여할 수 있어서 기뻐했다.

어휘 高速道路 고속도로 | 箱 상자 | 一緒に 함께 | 喜ぶ 기뻐하다, 좋아하다 | 小遣い 용돈

해설 「加える」는 지금까지의 것에 무언가를 더하고 첨가한다는 뜻 외에도 「仲間に加える(한 패에 넣다)」,「味方に加える(자기편에 넣다)」처럼 '같은 일을 하는 무리에 포함시키다'는 의미도 있다.

선택지 1번은 「上げた(올렸다)」, 2번은 「入れてください(넣어 주세요)」, 4번은 「増やしてあげよう(늘려 줘야지)」가 자연스럽다.

---

32 住宅

1 引っ越しを機に住宅を買うことにした。

2 このあたりの住宅地は静かでいいが、交通が不便だ。

3 マンションやアパートではなく住宅に住むのが夢だ。

4 老後は都会よりも田舎で住宅したいものだ。

정답 2 이 주변의 주택지는 조용해서 좋지만 교통이 불편하다.

어휘 引っ越し 이사 | 住宅地 주택지 | 静かだ 조용하다 | 交通 교통 | 住む 살다 | 夢 꿈 | 老後 노후 | 都会 도시, 도회지 | 田舎 시골

해설 선택지 1은 「家を買う(집을 사다)」, 3은 「一戸建てに住む(단독 주택에 살다)」, 4는 「住みたいものだ(살고 싶다)」가 어울린다.

---

33 我慢強い

1 この機械は丈夫に作られていて、とても我慢強いです。

2 そんなに我慢強い主張ばかりだと、人とうまくやっていけないよ。

3 初めて食べてみるその料理は、驚くくらい我慢強い味がした。

4 彼は我慢強い人で、弱気な姿を他人に見せたことがない。

정답 4 그는 참을성이 많은 사람이라서 나약한 모습을 다른 사람에게 보인 적이 없다.

어휘 機械 기계 | 丈夫だ 튼튼하다 | 我慢強い 참을성이 많다 | 主張 주장 | うまい 잘하다, 맛있다 | やっていく 해 나가다 | 驚く 깜짝 놀라다 | 弱気だ 나약하다 | 姿 모습

해설 「我慢強い」는 인내력이 강하고 참을성이 많다는 의미이다. 비슷한 표현으로는 「粘り強い(끈기 있다)」 등이 있다.

선택지 1은 「頑丈だ(튼튼하다)」, 2는 「勝手な·我がままな主張(제멋대로인 주장)」, 3은 「変な味がした(이상한 맛이 났다)」가 어울린다.

---

34 信用

1 お願いですから、もっと私のことを信用してください。

2 ここは店内の雰囲気もサービスも良くて、信用しやすい店だ。

3 今は苦しくても、明るい未来が待っていると信用している。

4 機械の信用に何か問題があれば、いつでも呼んでください。

정답 1 부탁이니 나를 더욱 신용해 주세요.

어휘 信用 신용 | 店内 점내 | 雰囲気 분위기 | 苦しい 괴롭다, 고통스럽다 | 呼ぶ 부르다

해설 선택지 2는 「利用しやすい店(이용하기 편한 가게)」, 3은 「信じている(믿고 있다)」, 4는 「使用中(사용중)」이 자연스럽다.

35 ふらふら

1 今日はコートを着ても<u>ふらふら</u>震えるくらい寒い。

2 週末は、友達とデパートを<u>ふらふら</u>して過ごした。

3 この布団は、暖かくて<u>ふらふら</u>で気持ちがいい。

4 いつまでも<u>ふらふら</u>していないで、早く就職しないと。

정답 **4** 언제까지나 빈둥빈둥 하지 말고 빨리 취직해야지…

어휘 着る 입다 | 震える 떨다 | 寒い 춥다 | 週末 주말 | 友達 친구 | 過ごす 지내다 | 布団 이불 | 暖かい 따뜻하다 | 就職 취직

해설 「ふらふら」는 흔들리고 동요되어 안정되지 않는 모습, 자각이나 목적 없이 행동하는 모습 등을 나타낸다. 보기 1은 「ぶるぶる(부들부들, 벌벌)」, 2는 「ぶらぶら(목적 없이 어슬렁 어슬렁)」, 3은 「ふわふわ(푹신푹신)」가 어울린다.

|M|E|M|O|